PETITE GÉOGRAPHIE

POUR LE PREMIER AGE

Par G. BELÈZE

ANCIEN CHEF D'INSTITUTION A PARIS.

Ouvrage approuvé pour les écoles publiques
par décision du Ministre de l'Instruction publique.

DOUZIÈME ÉDITION

ENTIÈREMENT REFONDUE
AVEC CARTES ET GRAVURES DANS LE TEXTE.

PARIS.

IMPRIMERIE ET LIBRAIRIE CLASSIQUES

De JULES DELALAIN et FILS

RUE DES ÉCOLES, VIS-A-VIS DE LA SORBONNE.

PETITE GÉOGRAPHIE

POUR LE PREMIER AGE

Par G. BELEZE

ANCIEN CHEF D'INSTITUTION A PARIS.

Ouvrage approuvé pour les écoles publiques
par décision du Ministre de l'Instruction publique.

DOUZIÈME ÉDITION

ENTIÈREMENT REFONDUE

AVEC CARTES ET GRAVURES DANS LE TEXTE.

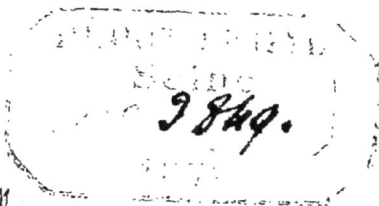

PARIS.

IMPRIMERIE ET LIBRAIRIE CLASSIQUES

De JULES DELALAIN et FILS

RUE DES ÉCOLES, VIS-A-VIS DE LA SORBONNE.

La deuxième édition de cet ouvrage a été approuvée pour les écoles publiques par décision du Ministre de l'Instruction publique, en date du 17 mai 1850.

Cet ouvrage a été également recommandé pour les écoles publiques par les conseils académiques d'Aix, Bordeaux, Caen, Dijon, Douai, Lyon, Paris et Poitiers.

©

AVANT-PROPOS.

Le titre de cet ouvrage élémentaire indique déjà par lui-même dans quel but il a été composé. Nous avons voulu mettre à la portée des jeunes enfants les notions les plus simples de la Géographie, et nous avons mis tous nos soins à les présenter d'une manière claire et facile à saisir.

La terre que nous habitons, le soleil qui nous éclaire, les étoiles qui brillent au firmament, font partie du même système et sont soumis aux mêmes lois. Il est donc nécessaire d'étudier l'ensemble de l'univers, avant de passer à la connaissance de notre globe en particulier; et c'est dans ce but que nous avons d'abord consacré quelques pages aux notions les plus élémentaires de Cosmographie. Le premier chapitre donne la définition des principaux termes de Géographie, soit pour les terres, soit pour les eaux, et fait connaître les grandes divisions du globe. Puis vient, dans une suite de chapitres à peu près d'égale longueur, la description des diverses contrées de la terre. Dans un dernier chapitre, qui forme pour ainsi dire un appendice, nous avons donné des notions de géographie sacrée qui faciliteront aux élèves l'étude de l'histoire sainte.

Tous les chapitres présentent les faits dans le même ordre : d'abord la superficie, la population, la position, les bornes de la contrée; sa division et ses principaux accidents géographiques; ensuite la description générale indiquant sommairement le sol, le climat, les productions, l'industrie, le commerce; enfin les villes principales, avec ce qu'elles offrent de plus remarquable. Ainsi chaque chapitre présente dans son ensemble un tout complet, et renferme tout ce qu'il est nécessaire que les enfants connaissent sur le pays dont ce chapitre donne la description.

Nous dirons en peu de mots comment peut se faire l'application de cet ouvrage élémentaire. Les élèves d'une même division, ayant tous le livre entre les mains, sont réunis devant une carte d'une grande dimension, soit écrite, soit muette. Le professeur montre successivement sur la carte et dit à haute voix les notions principales contenues dans le chapitre qui fait l'objet de la leçon, c'est-à-dire la position, les bornes, les divisions principales des contrées, puis les accidents géographiques, tels que les montagnes, les fleuves, enfin les villes et leur position. Ce premier exercice terminé, on passe à la lecture du chapitre. Chaque élève lit à son tour un paragraphe ou quelques phrases, quand il est désigné par le professeur. Lorsque la lecture est finie, vient un autre exercice : c'est l'interrogation, faite à l'aide du questionnaire par le maître, qui s'adresse tantôt à un élève, tantôt à un autre, l'un trouvant ce que l'autre a vainement cherché. C'est l'intelligence de tous mise en commun. Ce mode d'enseignement, d'une pratique si simple et si facile dans les écoles, et dont l'expérience nous a démontré les bons résultats, a beaucoup d'attrait pour les enfants, dont l'attention est constamment tenue en éveil par ces divers exercices appropriés à leur âge et à leurs facultés.

PETITE GÉOGRAPHIE.

INTRODUCTION.

Notions de Cosmographie.

1. Forme et mouvement de la terre. La *terre*[1] que nous habitons est un des corps célestes nommés planètes, qui tournent dans l'espace autour du soleil et reçoivent de cet astre la lumière et la chaleur.

La terre est ronde; c'est un globe immense légèrement aplati vers deux endroits opposés l'un à l'autre et appelés *pôles*, que l'on suppose placés, l'un à l'extrémité *nord* et l'autre à l'extrémité *sud* de la terre.

Le pôle placé du côté du nord s'appelle pôle *arctique*, d'un mot grec qui signifie *ourse*, parce que ce pôle est constamment dirigé vers la partie du ciel où se trouvent les deux constellations ou groupes d'étoiles nommées la *grande Ourse* et la *petite Ourse*. Ce pôle s'appelle aussi pôle *boréal*.

Le pôle placé du côté du sud s'appelle pôle *antarctique*, c'est-à-dire opposé à l'Ourse; on le nomme aussi pôle *austral*.

QUESTIONS. — **1.** Qu'est-ce que la géographie? Quelle est la forme de la terre? Vers quels endroits est-elle un peu aplatie? Qu'est-ce que le pôle arctique? le pôle antarctique?

1. La *Géographie* est la description de la Terre.

La terre a deux mouvements : l'un de *rotation*, en vertu duquel elle tourne sur elle-même dans l'espace de 24 heures, ce qui produit le jour et la nuit; l'autre de *translation* ou de *révolution*, en vertu duquel la terre tourne autour du soleil dans l'espace de 365 jours 5 heures 49 minutes, ce qui donne l'année.

2. Sphères, cartes. Les *sphères* ou *globes* sont des machines rondes que les géographes et les astronomes ont inventées, soit pour représenter la terre, soit pour expliquer les phénomènes célestes, c'est-à-dire les mouvements vrais ou apparents du ciel.

Les *cartes géographiques* représentent ou la terre entière, ou une partie du monde, ou une seule contrée.

3. Cercles tracés sur les sphères et les cartes. Les cercles tracés sur les sphères et sur les cartes répondent à de semblables cercles que les géographes supposent également tracés autour de la terre, quoiqu'ils n'existent pas réellement. Ils servent à déterminer avec précision la position des différentes parties du globe terrestre.

On compte six cercles principaux, deux grands et quatre petits.

Les deux grands cercles sont l'*équateur* et le *méridien*.

Quels sont les mouvements que la terre exécute ? — 2. Qu'appelle-t-on sphères ou globes et cartes? — 3. Combien y a-t-il de cercles principaux? Qu'est-ce que l'équa-

L'équateur, cercle dont tous les points sont à égale distance des deux pôles, partage la terre en deux portions égales : l'une septentrionale, appelée *hémisphère boréal* ; l'autre méridionale, appelée *hémisphère austral.*

Le méridien passe par les deux pôles, coupe l'équateur et divise aussi le globe en deux hémisphères, l'un *oriental,* l'autre *occidental.* Ce cercle porte le nom de *méridien,* qui signifie *milieu du jour,* parce qu'il est midi en même temps pour tous les points de la terre qui, d'un pôle à l'autre, se trouvent situés sur le même méridien.

Les quatre petits cercles sont les deux *tropiques* et les deux *cercles polaires.*

Les *tropiques* sont deux cercles parallèles à l'équateur : l'un, dans l'hémisphère boréal, se nomme le *tropique du Cancer,* et l'autre, dans l'hémisphère austral, le *tropique du Capricorne,* parce qu'ils passent par ces deux constellations du zodiaque.

Les deux cercles polaires, savoir : l'*arctique* et l'*antarctique,* sont parallèles aux tropiques et à l'équateur.

4. Points cardinaux. Pour indiquer la position des lieux, on a imaginé quatre points principaux, appelés *points cardinaux.* Ce sont : le *nord* ou *septentrion,* vers le pôle arctique ; le *sud* ou *midi,* vers le pôle antarctique ; l'*est,* nommé aussi

teur ? le méridien ? Quels sont les petits cercles ? — 4. A

orient ou *levant*, vers le point où le soleil paraît se lever; l'*ouest*, nommé aussi *occident* ou *couchant*, vers le point où le soleil paraît se coucher. Sur les cartes géographiques on place le nord en haut de la carte, le sud au bas, l'est à droite et l'ouest à gauche.

5. Degrés de latitude et de longitude. On est parvenu à déterminer la position des points les plus importants du globe terrestre, et, par suite, à y rapporter tous les autres, au moyen de la *latitude* et de la *longitude*.

La latitude est la distance d'un point quelconque à l'équateur, et la longitude, la distance d'un point quelconque à un premier méridien convenu. La plupart des nations de l'Europe se sont accordées à prendre pour premier méridien celui qui passe par leur observatoire principal.

Pour déterminer avec précision la latitude et la longitude, on a d'abord divisé la surface du globe en 180 bandes parallèles à l'équateur, 90 au nord et 90 au sud de ce cercle; on a nommé ces bandes *degrés de latitude*. Ensuite on a divisé cette surface en 360 parties par autant de méridiens principaux : on leur a donné le nom de *degrés de longitude*.

Les degrés de latitude sont indiqués sur les cartes par des lignes tracées dans le même sens

quoi servent les points cardinaux? Nommez-les. — 5. De quel usage sont la latitude et la longitude? Comment sont marqués les degrés sur la surface du globe? Comment les degrés de latitude et ceux de longitude sont-ils indiqués?

que l'équateur, et les degrés de longitude par des lignes tracées dans le même sens que le méridien.

6. Zones. Au moyen des cercles de la sphère, on divise le globe terrestre, sous le rapport de la température, en cinq *zones* ou bandes : la zone *torride*, entre les deux tropiques; les deux zones *tempérées*, entre les tropiques et les cercles polaires; enfin les deux zones *glaciales*, entre chaque cercle polaire et le pôle correspondant.

7. Solstices, équinoxes, saisons. On appelle *solstices* les deux époques de l'année où le soleil se trouve sur le tropique du Cancer ou sur le tropique du Capricorne, et *équinoxes* les deux époques où le soleil se trouve directement sur l'équateur. Les solstices et les équinoxes partagent l'année en quatre parties nommées *saisons*. Le *printemps* s'étend de l'équinoxe du printemps (20 ou 21 mars) au solstice d'été (21 juin); l'*été*, du solstice d'été à l'équinoxe d'automne (22 septembre); l'*automne*, de l'équinoxe d'automne au solstice d'hiver (21 décembre); l'*hiver*, du solstice d'hiver à l'équinoxe du printemps. Dans la zone tempérée de notre hémisphère, l'été est la saison chaude, et l'hiver la saison froide; le printemps et l'automne y sont des saisons de température moyenne.

— 6. En combien de zones est divisé le globe terrestre? Quelles sont-elles? Où sont-elles situées? — 7. Qu'appelle-t-on solstices et équinoxes? Quelles sont les quatre saisons?

CHAPITRE I.

Définitions. — Terres et Eaux. — Les cinq Océans. — Les cinq Parties du monde.

8. Lorsqu'on jette les yeux sur une sphère, on voit que la surface du globe est inégalement partagée en *terres* et en *eaux*. Les terres, composées d'un grand nombre de parties détachées, occupent environ le quart de cette surface ; les trois autres quarts sont couverts par les eaux.

9. Termes relatifs aux terres. Au milieu de la grande masse d'eau qu'on nomme *Océan*, se montrent différentes portions de terre, toutes séparées les unes des autres ; parmi ces portions de terre, trois se font remarquer par leur étendue et sont appelées *continents*. — Toutes les autres terres environnées d'eau de tous côtés, quelle que soit leur étendue, se nomment *îles*. La réunion de plusieurs petites îles, placées à peu de distance les unes des autres, forme un *groupe*. La réunion de plusieurs groupes ou de plusieurs îles couvrant un espace de mer assez étendu forme un *archipel*. — Une *presqu'île* est une portion de terre qui s'avance dans la mer, et qui est jointe au continent par une

QUESTIONS. — 8. Comment la surface du globe est-elle partagée ? — 9. Qu'est-ce qu'un continent ? une île ? un groupe ? un archipel ? une presqu'île ? une péninsule ? un cap ? —

étroite portion de terre, appelée *isthme ;* lorsque cette portion de terre a une base large, la presqu'île est plus généralement nommée *péninsule.* — On appelle *cap* ou *promontoire* l'extrémité d'une terre qui s'avance dans la mer d'une manière bien prononcée.

10. Les *montagnes* sont les éminences les plus considérables de la terre, et elles ont en même temps une pente rapide. Une suite de montagnes dont la base se touche s'appelle *chaîne.* Le sommet des montagnes, lorsqu'il est plan et très-étendu, prend le nom de *plateau.* Un *volcan* est une montagne qui vomit de temps en temps, par une ouverture appelée *cratère,* des fumées, des cendres et des matières incandescentes. Les *vallées* sont formées par les écartements des chaînes de montagnes; un *vallon* est une petite vallée, et une *gorge,* une partie de vallée très-étroite. Un passage étroit entre deux montagnes escarpées, ou entre une montagne et la mer, prend le nom de *défilé,* de *pas* ou de *col.* — On appelle *plaines* de grands espaces dont la surface est horizontale, unie ou légèrement ondulée. Les *déserts* sont des solitudes immenses et absolument stériles, sauf de rares espaces arrosés par des sources, offrant quelque végétation et nommés *oasis.*

11. On appelle *côtes* ou *rivages* les contours des continents et des îles baignés par les eaux de

10. Qu'est-ce qu'une montagne? une chaîne? un volcan? une vallée? un vallon? une gorge? un défilé? Qu'est-ce que les plaines? Qu'est-ce qu'un désert? une oasis? — 11. Qu'ap-

la mer ; *falaises*, les hautes terres coupées à pic qui bordent les côtes ; *dunes*, les collines de sable situées sur le bord de la mer ; *bancs de sable* et *bas-fonds*, des endroits peu profonds qui se trouvent au milieu des mers ; *écueils*, *récifs*, *brisants*, des rochers dangereux pour les navigateurs. — Une *digue*, une *jetée*, un *môle*, sont des obstacles élevés par la main des hommes contre les efforts des eaux. Un *phare* est une tour au sommet de laquelle on allume un *feu* ou *fanal* pour guider les vaisseaux pendant la nuit.

12. Termes relatifs aux eaux. La *mer* ou l'*Océan* est la masse d'eau continue et salée qui environne les terres et se subdivise en plusieurs grandes parties désignées par un nom particulier. On appelle *mer intérieure* ou *mer méditerranée* une portion d'océan située dans l'intérieur des terres, mais communiquant en général avec l'Océan. Toutes les pentes des terres qui envoient leurs eaux courantes dans un océan ou une mer forment le *versant* de cet océan ou de cette mer. — Les *golfes* et les *baies* sont des portions de mer plus ou moins considérables qui s'avancent dans les terres. Les enfoncements plus petits, qui offrent aux vaisseaux un mouillage temporaire ou un abri, sont appelés *rade*, *port*, *havre*.

pelle-t-on côtes, falaises, dunes, bas-fonds, écueils, récifs ? Qu'est-ce qu'une digue ? un phare ? — 12. Qu'est-ce que l'océan ? Qu'appelle-t-on versant ? Qu'est-ce qu'un golfe ?

13. Un *détroit* est une portion de mer resserrée entre deux terres, et qui fait communiquer deux mers ou deux parties de mer. — Le détroit est quelquefois appelé *pas, canal, manche, pertuis.* — On appelle *lacs* des amas d'eau entourés de tous côtés par des terres et n'ayant aucune communication immédiate avec la mer. Les *étangs* diffèrent des lacs, en ce qu'ils sont moins grands, moins profonds, souvent marécageux. Les *lagunes* sont des espèces de lacs ou d'étangs situés sur le bord de la mer. Les *marais* sont des amas d'eau peu profonds dans l'intérieur des terres.

14. Les *fleuves* sont des cours d'eau douce grossis ou formés par la réunion de plusieurs rivières, et qui se rendent directement dans la mer. — Les *rivières* sont des cours d'eau qui se jettent dans une rivière plus considérable ou dans un fleuve. Il y a des cours d'eau qui se rendent directement à la mer et qui conservent néanmoins le nom de rivières. — Les *sources* sont l'origine des cours d'eau immédiatement à leur sortie du sol. Les bords d'un cours d'eau se nomment *rives :* la rive *droite* est celle qui se trouve à la droite de la personne qui suit le courant ; la rive opposée est la rive *gauche.* On appelle *embouchure* l'endroit où un cours d'eau se jette

une rade? un port? — 13. Qu'est-ce qu'un détroit? Qu'est-ce qu'un lac? un étang? Qu'appelle-t-on lagunes? marais? — 14. Qu'est-ce qu'un fleuve? une rivière? une source? Qu'appelle-t-on rives? Qu'est-ce que la rive droite,

dans un lac ou dans la mer, et *confluent* le lieu de jonction de deux cours d'eau. Le cours d'eau secondaire, ou celui qui porte le tribut de ses eaux au courant principal, s'appelle *affluent*. L'ensemble des pentes d'où découlent les eaux qui se jettent dans un fleuve ou dans une rivière s'appelle le *bassin* de ce fleuve ou de cette rivière.

15. Termes relatifs aux divisions politiques. Une *contrée* ou un *pays* se dit d'une grande étendue de terrain : ainsi la France, l'Italie, l'Espagne, sont des contrées de l'Europe. — Un *État* est un pays soumis à une seule souveraineté politique, à un même gouvernement. — Une *province*, un *département*, sont une certaine étendue d'un pays, d'un État, administrée au nom du souverain par un gouverneur, par un préfet. — Une *ville* ou une *cité* est une grande réunion de maisons. — Un *bourg* est moins considérable qu'une ville, un *village* est plus petit qu'un bourg, et un *hameau*, plus petit qu'un village.

16. Grandes divisions du globe, population. La surface du globe est partagée en *terres* et en *eaux*; elle est estimée à 1,300,000 myriamètres carrés.

Les *terres* se divisent en cinq parties principales, qui forment les cinq parties du monde :

la rive gauche? Qu'appelle-t-on embouchure, confluent, affluent? Qu'appelle-t-on bassin d'un fleuve ou d'une rivière? — 15. Qu'est-ce qu'une contrée? un État? une province? une ville? un bourg? un village? un hameau? — 16. Que comprennent les terres? Quelle en est la

l'*Europe*, l'*Asie*, l'*Afrique*, dont se compose l'ancien continent; — l'*Amérique* ou *nouveau continent*; — l'*Océanie* ou le *monde maritime*, comprenant un nombre considérable d'îles et un troisième continent, appelé *continent austral* ou *Australie*.

La population des cinq parties du monde est estimée à près d'un milliard et demi d'habitants.

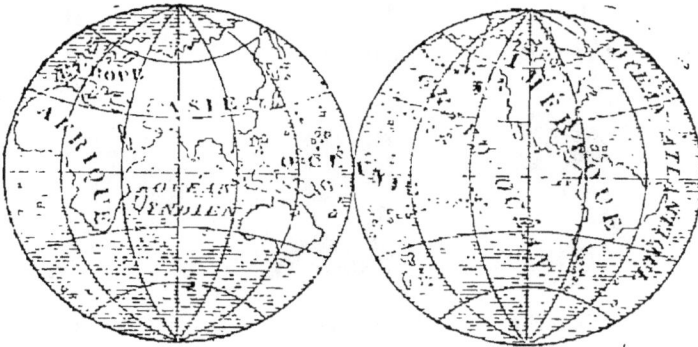

17. Les *eaux* ou les *mers* comprennent cinq grands océans : l'*océan Atlantique*, entre l'Europe et l'Afrique, à l'E., et l'Amérique, à l'O ; — l'*océan Pacifique*, nommé aussi *Grand Océan* ou *mer du Sud*, entre l'Asie et l'Océanie, à l'O., et l'Amérique, à l'E. ; — l'*océan Indien*, entre l'Océanie à l'E., l'Asie au N. et l'Afrique à l'O. ; — l'*océan Glacial arctique*, vers le pôle nord ; — l'*océan Glacial antarctique*, vers le pôle sud. — Ces océans forment chacun des mers particulières.

population ? — **17.** Que comprennent les mers ? —

18. Races, langues. Les divers peuples répandus sur la surface de la terre, et tous issus d'une origine commune, appartiennent à trois grandes races principales : la race *blanche* ou *caucasique* ; la race *jaune* ou *mongolique* ; la race *noire* ou *éthiopienne*. — Les hommes dans chaque contrée parlent des langues différentes. Les principales sont : le *français*, l'*allemand*, l'*anglais*, le *hollandais*, l'*espagnol*, le *portugais*, l'*italien*, le *russe*, le *polonais*, l'*arabe* ou le *turc*, le *persan*, le *chinois*, le *japonais*.

Race blanche.   Race jaune.   Race noire.

19. Notions géographiques des anciens. Les peuples de l'antiquité ne connaissaient qu'un seul continent, l'*ancien*, qu'ils divisaient, comme nous, en trois parties, l'*Europe*, l'*Asie* et l'*Afrique*. Mais les bornes qu'ils donnaient à ce continent n'étaient pas celles que la géographie lui assigne aujourd'hui : le nord de l'Europe et de l'Asie, le centre et le sud de l'Afrique, leur étaient à peu près inconnus.

18. Quelles sont les principales races humaines et les principales langues parlées? — 19. Quelles parties de la terre les anciens connaissaient-ils?

CHAPITRE II.

EUROPE

Superficie : 10,000,000 de kilomètres carrés.
Population : 300,000,000 d'habitants.

20. Situation. L'Europe occupe la partie nord-ouest de l'ancien continent. Elle forme une grande presqu'île qui se rattache au continent à l'est, du côté de l'Asie; dans toutes les autres directions, elle est entourée par la mer.

21. Limites. Au N., l'océan Glacial arctique; — à l'E., les monts Ourals et la mer Caspienne, qui la séparent de l'Asie; — au S., le mont Caucase, la mer Noire, la mer de Marmara et la mer Méditerranée; — à l'O., l'océan Atlantique.

22. Grandes Divisions. L'Europe comprend quinze contrées ou quinze États principaux, dont quatre au nord-ouest et à l'ouest, trois au centre, cinq au sud et trois au nord-est et au nord; — au nord-ouest et à l'ouest, les *Iles Britanniques* ou *Grande-Bretagne* et *Ir-lande*, les *Pays-Bas* ou *Hollande*, la *Belgique*, la *France;* — au centre, l'*Allemagne*, dont l'État

QUESTIONS. — 20. Où est située l'Europe? Dites sa superficie et sa population. — 21. Quelles sont les limites de l'Europe? — 22. Combien de divisions principales com-

EUROPE

Dressé par A.Vuillemin. J.DELALAIN ET FILS, ÉDIT. Gravé par Erhard.

le plus important est la *Prusse* ; l'*Autriche-Hon-grie*, la *Suisse* ; — au sud, le *Portugal*, l'*Espagne*, l'*Italie*, la *Grèce*, la *Turquie* et les *Principautés tributaires* ; — au nord-est et au nord, la *Russie*, la *Suède* et la *Norwége*, le *Danemark*.

Les habitants de ces États peuvent être partagés en trois grandes familles : la famille *latine*, la famille *germanique* et la famille *slave*, qui appartiennent à la race blanche.

23. Description générale, productions. L'Europe est la plus petite des cinq parties du monde ; mais elle est la plus civilisée, la plus puissante par son industrie et son commerce et relativement la plus peuplée. Les animaux malfaisants y sont peu nombreux ; au contraire, les animaux utiles, le bœuf, la vache, le cheval, l'âne, le mouton, le porc, s'y sont multipliés à l'infini. Le climat est très-différent dans les diverses régions qui la composent ; mais on peut dire d'une manière générale qu'elle est spécialement favorisée d'une température modérée. L'Europe est moins riche que les quatre autres parties du monde en mines d'or, d'argent et de pierres précieuses ; mais elle possède plus abondamment la houille, le fer, le cuivre, le plomb, l'étain, le zinc, le platine. La végétation y est riche et variée. Les pays du nord donnent des bois propres aux constructions ; dans les contrées méridionales, on cultive le maïs, le riz, la vigne, l'olivier, le citronnier, l'oranger, le mûrier ; celles du centre pro-

prend-elle ? — 23. Quelles sont ses principales productions ?

duisent du blé, des vins, du lin, du chanvre, du
tabac, du houblon, des pommes de terre, et
toutes sortes de fruits excellents.

24. Mers. L'Europe est baignée par trois grandes mers et par plusieurs autres moins considérables que forment les trois premières. —
1° L'océan *Glacial arctique* forme la mer *Blanche*, sur les côtes septentrionales de la Russie.
— 2° L'océan *Atlantique* forme la mer du *Nord*,
entre la Norwége, le Danemark, l'Allemagne, la
Hollande, la Belgique, la France et la Grande-
Bretagne; la mer *Baltique*, entre le Danemark,
la Suède, la Russie et l'Allemagne; la mer de la
Manche, entre la Grande-Bretagne et la France;
la mer *d'Irlande*, entre l'Irlande et la Grande-
Bretagne; la mer de *France*, sur la côte sud-
ouest de la France. — 3° La mer *Méditerranée*
forme la mer *Tyrrhénienne*, entre l'Italie et les
îles de Corse et de Sardaigne; la mer de *Sicile*,
au nord de l'île de ce nom; la mer *Adriatique*,
entre l'Italie, l'Autriche-Hongrie et la Turquie; la mer *Ionienne*, à l'ouest de la Grèce; la
mer de l'*Archipel*, entre la Grèce, la Turquie
d'Europe et la Turquie d'Asie; la mer de *Marmara*, entre les deux Turquies; la mer *Noire*,
entre les deux Turquies et la Russie; la mer
d'Azof, sur les côtes méridionales de la Russie.
— Au sud-est est située la mer *Caspienne*, qui
n'a aucune communication avec les mers qui
l'environnent.

— 24. Quelles sont les mers qui baignent l'Europe? —

25. Golfes. Les golfes les plus remarquables de l'Europe sont : le golfe de *Bothnie*, entre la Suède et la Russie ; les golfes de *Riga* ou de *Livonie* et de *Finlande*, en Russie ; le golfe de *Dantzick*, en Allemagne, formés par la mer Baltique ; — le *Zuiderzée*, au nord de la Hollande, formé par la mer du Nord ; — le golfe de *Solway*, entre l'Angleterre et l'Écosse ; le golfe de *Gascogne* ou de *Biscaye*, entre la France et l'Espagne, formés par l'océan Atlantique ; — le golfe du *Lion*, au sud de la France ; le golfe de *Gênes*, sur les côtes de l'Italie septentrionale, formés par la mer Méditerranée ; — le golfe de *Tarente*, au sud-est de l'Italie ; le golfe de *Lépante*, sur les côtes de la Grèce, formés par la mer Ionienne ; — le golfe de *Trieste*, au nord-ouest de l'Italie, formé par la mer Adriatique ; — le golfe de *Salonique*, sur les côtes de la Turquie, formé par la mer de l'Archipel.

26. Détroits. Les mers de l'Europe communiquent entre elles par plusieurs détroits. — Le *Skager-Rack*, le *Sund*, le *Grand Belt* et le *Petit Belt* unissent la mer du Nord à la mer Baltique. — Le pas de *Calais*, entre l'Angleterre et la France, unit la mer du Nord à celle de la Manche. — Le détroit de *Gibraltar*, entre l'Espagne et le Maroc, fait communiquer la Méditerranée avec l'océan Atlantique. — Le détroit des *Dardanelles*, entre l'Archipel et la mer de Marmara, et

25. Quels sont ses principaux golfes et par quelles mers sont-ils formés ? — 26. Quels sont les principaux détroits ?

le canal de *Constantinople,* entre la mer de Marmara et la mer Noire, séparent l'Europe de l'Asie.—Le détroit d'*Iénikalé* ou de *Caffa* fait communiquer la mer Noire et la mer d'Azof.

27. Iles. Les îles les plus considérables de l'Europe sont : dans l'océan Glacial arctique : la *Nouvelle-Zemble,* à la Russie ; les îles *Loffoden,* à la Suède ; — dans la mer Baltique : l'archipel d'*Aland,* à la Russie ; les îles *Œland* et *Gottland,* à la Suède ; l'*archipel Danois* et l'île *Bornholm,* au Danemark ; — dans l'océan Atlantique et les mers qui en dépendent : l'*Islande* et les îles *Fœroé,* au Danemark ; les îles *Britanniques* ou *Grande-Bretagne* et *Irlande,* les *Schetland,* les *Orcades* et les *Hébrides,* à l'Angleterre ; les îles de *Ré* et d'*Oleron,* à la France ; — dans la Méditerranée et les mers qui en dépendent : les îles *Baléares,* à l'Espagne ; la *Corse,* à la France ; l'île de *Sardaigne,* l'île d'*Elbe* et la *Sicile,* à l'Italie ; l'île de *Malte,* à l'Angleterre ; les îles *Illyriennes,* à l'Autriche-Hongrie ; les îles *Ioniennes* et celles de l'*Archipel,* à la Grèce ; l'île de *Candie,* à la Turquie.

28. Presqu'îles, péninsules, isthmes. Les presqu'îles, les péninsules les plus considérables et les principaux isthmes de l'Europe sont : la presqu'île de *Jutland* (Danemark), la presqu'île de *Morée* (Grèce), la presqu'île de *Crimée* (Rus-

— 27. Nommez les principales îles, en indiquant à quelles contrées elles appartiennent. - 28. Quelles sont les pres-

sie); — la péninsule *Scandinave* (Suède et Norwége); la péninsule *Ibérique* (Espagne et Portugal); la péninsule *Italique* (Italie); — l'isthme de *Corinthe*, qui joint la presqu'île de Morée au continent; l'isthme de *Pérékop*, qui joint la presqu'île de Crimée à la Russie.

29. **Caps.** Les principaux caps que baignent les mers de l'Europe sont : le cap *Nord*, au nord de la Norwége; — le cap *Lizard*, au sud-ouest de l'Angleterre; — le cap de la *Hague*, au nord-ouest de la France; — le cap *Finistère*, au nord-ouest de l'Espagne; — le cap *Trafalgar*, au sud-ouest de l'Espagne; — le cap *Saint-Vincent*, au sud-ouest du Portugal; — le cap *Leuca*, au sud-est de l'Italie; — le cap *Matapan*, au sud de la Morée, en Grèce.

30. **Montagnes, volcans.** Les plus grandes chaînes de montagnes qui couvrent l'Europe sont : au N., les *Dofrines* ou *Alpes scandinaves*, qui s'étendent sur la Suède et la Norwége; les monts *Ourals*, qui séparent l'Europe de l'Asie, — au centre, les monts *Carpathes* ou *Krapaks*, qui s'étendent sur le nord-est de l'Autriche-Hongrie; les *Alpes*, qui dominent en partie le sud-est de la France, la Suisse entière, l'Italie septentrionale et la partie occidentale de l'Autriche-Hongrie; — au S., les *Pyrénées*, qui servent de frontières à la France et à l'Espagne; les *Apennins*, qui dominent le

qu'îles et les péninsules? Quels sont les isthmes? — 29. Nommez les principaux caps. — 30. Indiquez les prin-

centre de l'Italie, du nord-ouest au sud-est; les monts *Balkans*, qui couvrent la Turquie centrale. — Il y a en Europe deux volcans principaux : le *Vésuve*, en Italie, près de Naples ; — l'*Etna*, dans l'île de Sicile.

31. Versants, ligne de partage des eaux. Les montagnes de l'Europe forment deux grands versants : l'un incliné, au nord et au nord-est, vers l'*océan Glacial arctique* et l'*océan Atlantique;* l'autre incliné, au sud et au sud-est, vers la *mer Méditerranée* et la *mer Caspienne*. La ligne de partage des eaux de ces deux grands versants s'étend du sud-ouest au nord-est depuis le détroit de Gibraltar jusqu'aux monts Ourals, en passant par les Pyrénées, les Cévennes, les Alpes et les Carpathes.

32. Fleuves, bassins. L'Europe est arrosée par un grand nombre de fleuves importants, qui forment autant de bassins et se distribuent de la manière suivante : l'océan *Glacial arctique* reçoit la *Petchora* et la *Tana;* — la mer *Blanche* reçoit le *Mézen*, la *Dvina* et l'*Onéga;* — la mer *Baltique* reçoit la *Tornéa*, la *Néva*, la *Duna*, le *Niémen*, la *Vistule*, l'*Oder* et le *Glommen;* — la mer *du Nord* reçoit l'*Elbe*, le *Weser*, l'*Ems*, le *Rhin*, la *Meuse*, l'*Escaut* et la *Tamise;* — la *Manche* reçoit la *Somme* et la *Seine;* — l'océan *Atlantique*

cipales chaînes de montagnes et leur situation; les principaux volcans? — 31. Quels sont les versants que forment les montagnes de l'Europe? Quelle est la direction de la ligne de partage des eaux? — 32. Nommez les fleuves les plus importants, en indiquant dans quelle mer ils se

reçoit le *Shannon*, la *Loire*, la *Charente*, la *Gironde*, le *Minho*, le *Douro*, le *Tage*, la *Guadiana* et le *Guadalquivir*; — la *Méditerranée* reçoit la *Segura*, le *Xucar*, l'*Èbre*, le *Rhône*; — la mer *Tyrrhénienne* reçoit l'*Arno* et le *Tibre*; — la mer *Adriatique* reçoit le *Pô* et l'*Adige*; — la mer *Noire* reçoit le *Danube*, le *Dniester* et le *Dniéper*; — la mer d'*Azof* reçoit le *Don*; — la mer *Caspienne* reçoit l'*Oural* et le *Volga*.

33. Lacs. Les lacs les plus considérables de l'Europe sont: les lacs *Vetter* et *Mœlar*, en Suède; — les lacs *Onéga* et *Ladoga*, en Russie; — le lac de *Constance*, entre l'Allemagne et la Suisse; — les lacs de *Zurich*, de *Lucerne* ou des *Quatre-Cantons* et de *Neuchâtel*, en Suisse; — le lac de *Genève* ou *Léman*, entre la Suisse et la France; — les lacs d'*Annecy* et du *Bourget*, en France; — les lacs *Majeur*, de *Côme* et de *Garde*, en Italie.

34. Principaux objets d'échange avec les autres parties du monde. La diversité des produits végétaux et minéraux dans les cinq parties du monde donne lieu, entre les principaux États et les grandes villes, à des échanges qui donnent à l'industrie et au commerce un immense développement. L'Europe reçoit de l'Asie du thé, du café, du sucre de canne, des gommes, des épices, du tabac, de la soie, des bois précieux, de l'or, de l'argent; de l'Afrique, du café, du sucre, de la

jettent. — 33. Quels sont les lacs les plus remarquables? — 34. Quels échanges se font entre l'Europe et les autres parties du monde? Par quels ports se font-ils principale-

vanille, de l'indigo, du coton, du tabac, des bois précieux, de l'or; de l'Amérique, du coton, du café, du cacao, du tabac, du caoutchouc, des bois d'ébénisterie et de teinture, du quinquina, des pierres précieuses, de l'or, de l'argent; de l'Océanie, des épices, du café, de la cochenille, de l'indigo, de la gutta-percha, de l'or, des diamants. L'Europe exporte dans toutes les parties du monde les produits de son sol, principalement ses vins renommés, et les riches produits de son industrie si beaux et si variés. Ces échanges se font par les grands ports de commerce, tels que Marseille, Bordeaux, le Havre, Londres, Liverpool, Anvers, Amsterdam, Hambourg, Livourne, Trieste, Odessa.

35. Notions des anciens. Les anciens donnaient pour bornes à l'Europe : au N. l'*océan Sarmatique* (partie de l'océan Glacial arctique) et l'*océan Germanique* (mer du Nord ou d'Allemagne); — à l'E. la *mer Égée* (Archipel), l'*Hellespont* (détroit des Dardanelles), le *Bosphore de Thrace* (canal de Constantinople), le *Pont-Euxin* (mer Noire), le *Palus-Méotide* (mer d'Azof) et le *Tanaïs* (Don) ; — au S. le *détroit de Gadès* (détroit de Gibraltar) et la *mer Intérieure* (mer Méditerranée); — à l'O. le *détroit de Gaule* (pas de Calais), l'*océan Britannique* (la Manche) et l'*océan Atlantique*. — Les anciens ne connaissaient que très-imparfaitement les vastes plaines situées au nord-est, qu'ils nommaient *Sarmatie* et *Scythie*.

ment? — 35. Quelles bornes les anciens donnaient-ils à l'Europe?

CHAPITRE III.

France[1].

Superficie. 500,000 kilomètres carrés.
Population. 36,100,000 habitants.

36. Situation. La France est située dans la partie occidentale de la région moyenne de l'Europe, entre l'océan Atlantique et la mer Méditerranée.

37. Limites. Au N. O., la mer de la Manche et le pas de Calais, qui la séparent de l'Angleterre ; — au N., la mer du Nord, la Belgique et l'Allemagne ; — à l'E., l'Allemagne, la Suisse et l'Italie, dont elle est séparée par les Vosges, le Jura et les Alpes ; — au S., la mer Méditerranée et l'Espagne, dont elle est séparée par les Pyrénées ; — à l'O., l'océan Atlantique (mer de France et golfe de Gascogne).

Les frontières de terre partent de la mer du Nord le long de la Belgique, de l'Allemagne, de la Suisse et de l'Italie jusqu'à la mer Méditerranée, et de cette dernière mer, le long des Pyrénées jusqu'au golfe de Gascogne. L'océan Atlanti-

QUESTIONS. — 36. Où est située la France? Quelle en est la superficie et la population? — 37. Quelles sont ses li-

1. Nous commençons par la description de la France, qui doit avoir pour nous la première place dans l'étude de la géographie.

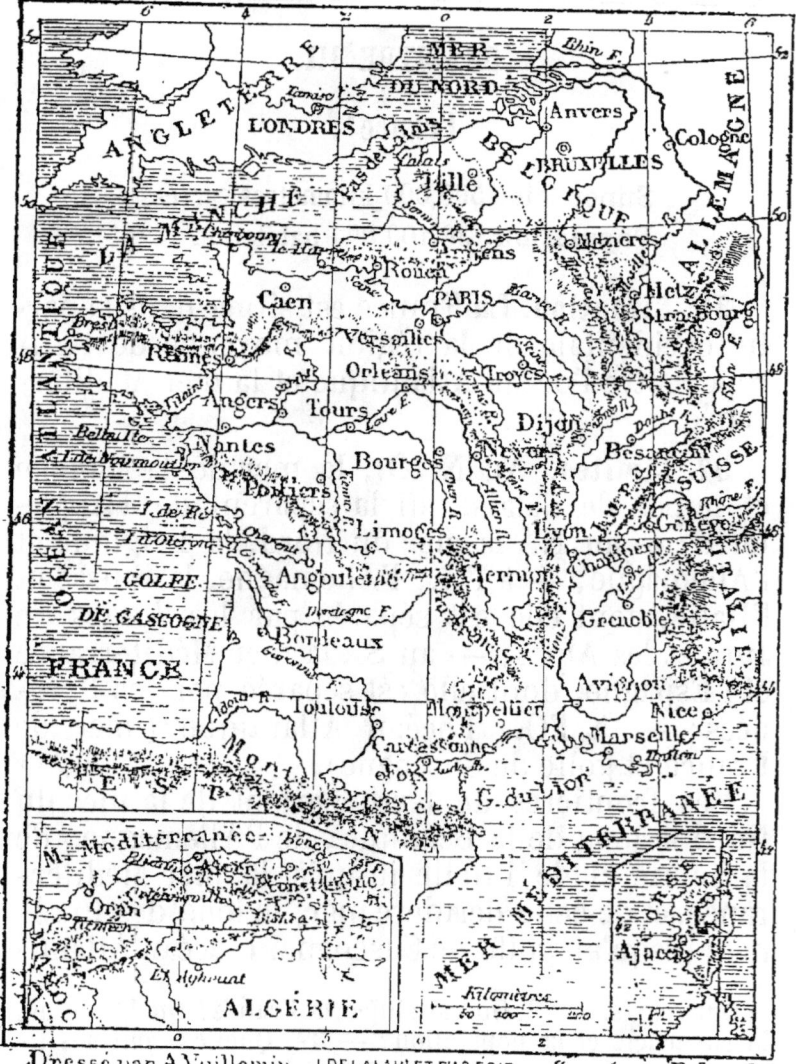

MER DU NORD
ANGLETERRE
LONDRES
BELGIQUE
ALLEMAGNE
Anvers
Cologne
BRUXELLES
Lille
Mézières
LA MANCHE
Amiens
Metz
Rouen
Strasbourg
Caen
PARIS
Versailles
Troyes
Orléans
Rennes
Angers
Tours
Dijon
Nevers
Besançon
Nantes
Bourges
SUISSE
Poitiers
Limoges
Lyon
Genève
GOLFE
Angoulême
Grenoble
DE GASCOGNE
Bordeaux
ITALIE
FRANCE
Avignon
Toulouse
Montpellier
Nice
Carcassonne
Marseille
G. du Lion
MER MÉDITERRANÉE

M. Méditerranée
Bône
Alger
Constantine
Oran
Ajaccio
ALGÉRIE
Kilomètres

OCÉAN ATLANTIQUE

Dressé par A. Vuillemin   J. DELALAIN ET FILS. ÉDIT.   Gravé par Erhard.

que et ses subdivisions, à l'ouest, et la mer Méditerranée, au sud, déterminent ses côtes maritimes.

38. Divisions. Le territoire de la France est partagé en **86** départements, qui tirent leur nom des fleuves ou de leurs affluents, des montagnes et d'autres accidents géographiques.

39. Gouvernement, administration, religion. L'administration supérieure de la France appartient à une assemblée nationale et à un président de la république assisté de ministres.

Les départements sont administrés chacun par un préfet; ils sont subdivisés en arrondissements administrés par des sous-préfets, les arrondissements en cantons et les cantons en communes administrées par des maires.

Sous le rapport religieux, la France est divisée en archevêchés et évêchés; sous le rapport judiciaire, en cours d'appel et tribunaux. Elle est partagée, pour l'armée, en régions et subdivisions de région; pour l'instruction publique, en académies.

La religion catholique est professée par la majorité de la population. On compte un certain nombre de protestants et de juifs.

40. Iles. Par sa position sur deux mers, la France possède plusieurs îles importantes : dans la *Méditerranée*, l'île de *Corse*, la plus considé-

mites? — 38. Comment est-elle divisée sous le rapport de l'administration? — 39. Quelle en est la religion dominante? la forme de gouvernement? — 40. Nommez les

rable de toutes, et qui forme un département; les iles d'*Hyères* et de *Lérins;* — dans l'*océan Atlantique :* l'ile d'*Ouessant, Belle-Ile, Noirmoutier, Yeu*, l'île de *Ré* et celle d'*Oleron*.

41. Montagnes. La France renferme plusieurs chaînes de montagnes, dont les plus importantes sont : les *Vosges*, au nord-est, sur la frontière d'Allemagne ; — les monts *Faucilles*, rameau des Vosges ; — le *Jura*, à l'est, sur les confins de la Suisse ; — les *Cévennes*, qui s'étendent du nord au sud dans l'intérieur de la France : le mont *Mézin* et le mont *Lozère* en sont les points culminants ; — les *monts d'Auvergne*, ramification des Cévennes : on y remarque le *puy de Dôme*, le *mont Dore* et le *Plomb du Cantal ;* — les *Alpes*, les plus hautes montagnes de l'Europe, qui séparent la France de l'Italie : les points les plus élevés sont le mont *Blanc*, le mont *Cenis* et le mont *Pelvoux ;* — les *Pyrénées*, qui s'élèvent sur la frontière de la France et de l'Espagne entre la Méditerranée et l'Océan, et dont les pics les plus remarquables sont : le pic du *Midi de Bigorre* et celui du *Midi d'Ossau*.

42. Ligne de partage des eaux, versants, bassins. La ligne de partage des eaux, formée par les montagnes et dirigée du nord-est au sud-ouest, commence au mont Jura, suit les Vosges, les monts Faucilles, le plateau de Langres, la Côte-d'Or, les Cévennes, et aboutit aux Pyré-

iles qui dépendent de la France. — 41. Indiquez les principales chaines de montagnes. — 42. En combien de ver-

nées. Cette ligne de partage des eaux divise la France en deux versants de mer : l'un incliné vers l'océan Atlantique et ses subdivisions ou *versant de l'océan Atlantique,* l'autre vers la Méditerranée ou *versant de la Méditerranée.* Ces deux versants comprennent quatre principaux bassins de fleuves, savoir : le bassin de la *Seine,* le bassin de la *Loire,* le bassin de la *Garonne,* le bassin du *Rhône* [1]. Les trois premiers appartiennent au versant de l'océan Atlantique ; le quatrième appartient au versant de la Méditerranée. A ces bassins principaux se rattachent des bassins secondaires, soit de rivières affluents des fleuves. soit de cours d'eau moins importants qui se rendent directement à la mer.

43. Fleuves, rivières. Les fleuves et les rivières qui arrosent la France se répartissent entre les quatre mers dans lesquelles ils se jettent.

La *mer du Nord* reçoit l'*Escaut,* la *Meuse* et le *Rhin.* — L'*Escaut* prend sa source dans le département de l'Aisne et reçoit la *Scarpe* et la *Lys.*—La *Meuse* prend sa source dans le département de la Haute-Marne et reçoit la *Sambre.* — Le *Rhin* prend sa source en Suisse et reçoit la *Moselle,* grossie de la *Meurthe.*

La *mer de la Manche* reçoit la *Seine,* la

sants la France est-elle partagée? — 43. Quels sont les

_____

1. Une grande partie du bassin du Rhin, qui appartenait à la France, a été cédée à la Prusse par les traités de 1871 ; mais par le cours de la Meurthe, de la Moselle et de la Meuse, une certaine portion du territoire français se trouve encore comprise dans ce bassin.

Somme, l'*Orne,* la *Vire* et la **Rance.** — La *Seine* prend sa source dans le département de la Côte-d'Or et se jette dans la mer entre le Havre et Honfleur : elle reçoit l'*Aube,* la *Marne,* l'*Oise* grossie de l'*Aisne,* l'*Yonne* et l'*Eure.*—La *Somme* prend sa source dans le département de l'Aisne, l'*Orne* dans le département de l'Orne, la *Vire* dans celui du Calvados et la *Rance* dans celui des Côtes-du-Nord.

L'*océan Atlantique,* dans la partie de cet océan à laquelle on a donné le nom de *mer de France,* reçoit la *Loire,* la *Vilaine,* la *Sèvre niortaise,* la *Charente,* la *Gironde* et l'*Adour.* — La *Loire* prend sa source dans les Cévennes et se jette dans la mer à Saint-Nazaire : elle reçoit la *Nièvre ;* la *Maine,* formée par la réunion de la *Mayenne* et de la *Sarthe ;* l'*Allier,* le *Loiret,* le *Cher,* l'*Indre,* la *Vienne* grossie de la *Creuse,* la *Sèvre nantaise.* — La *Vilaine* prend sa source dans le département de la Mayenne, la *Sèvre niortaise* dans celui des Deux-Sèvres, la *Charente* dans celui de la Haute-Vienne. — La *Gironde* est formée par la réunion de la *Garonne* et de la *Dordogne* au bec d'Ambez : 1° la *Garonne,* qui est la branche principale, prend sa source en Espagne, dans les Pyrénées, et reçoit l'*Ariége,* le *Tarn* grossi de l'*Aveyron,* le *Lot,* le *Gers ;* 2° la *Dordogne* prend sa source dans le département du Puy-de-Dôme et reçoit la *Vézère,* grossie de la *Corrèze,* et l'*Isle.* — L'*Adour* prend sa source dans les Pyrénées.

principaux fleuves qui l'arrosent et dans quelles mers se

La *Méditerranée* reçoit le *Rhône*, l'*Hérault*, l'*Aude*, le *Tet*, l'*Argens* et le *Var*. — Le *Rhône* prend sa source en Suisse et reçoit l'*Ain*, la *Saône* grossie du *Doubs*, l'*Ardèche*, le *Gard*, l'*Arve*, l'*Isère* grossie de l'*Arc*, la *Drôme*, la *Durance*. — L'*Hérault* descend des Cévennes. — Le *Tet* et l'*Aude* prennent leur source dans le département des Pyrénées-Orientales. — L'*Argens* prend sa source dans les monts de l'Estérel (Alpes de Provence). — Le *Var* descend des Alpes vers l'extrémité sud-est de la France.

44. Lacs, étangs. Les principaux lacs et étangs sont : le lac *Léman* ou de *Genève*, entre la France et la Suisse ; — les lacs d'*Annecy* et du *Bourget*, dans la Savoie ; — le lac de *Nantua*, au pied du Jura ; — le lac de *Gérardmer*, au pied des Vosges ; — le lac de *Grand-Lieu*, près de l'embouchure de la Loire ; — les étangs de *Thau* et de *Berre*, le long de la côte du golfe du Lion.

45. Aspect général, climat, productions. La France, par sa position géographique, est une des contrées de l'Europe le plus favorisées sous le rapport du climat : elle n'a ni des froids très-rigoureux ni des chaleurs excessives. Le sol, généralement bien cultivé, arrosé par un grand nombre de fleuves et de rivières, est presque partout fertile. Le blé, l'orge, l'avoine, le seigle, la pomme de terre, y croissent abondamment ; les pâturages et les fourrages y sont ex-

jettent-ils ? — 44. Quels sont les principaux lacs et étangs de la France ? — 45. Quelles sont les principales productions

cellents. La France produit des vins recherchés
dans le monde entier et une grande variété de
fruits. Elle possède des mines de houille ou charbon de terre, de fer, de sel, et des carrières de
pierres, d'ardoises et de marbres. Les meilleures
races des animaux domestiques, chevaux, bœufs,
moutons, porcs, s'y sont multipliées. L'éduca-
tion des vers à soie et des abeilles y est l'objet
d'une industrie très-active.

46. Industrie et Commerce. La France est un
des pays de l'Europe les plus avancés sous le
rapport de l'industrie. Elle possède d'importants
établissements métallurgiques pour la préparation des métaux et la fabrication des machines,
des outils et des appareils de toute sorte. Ses
nombreuses manufactures de draps, de toiles, de
cotonnades, de soieries, ses fabriques de bijoute-
rie, d'horlogerie, d'ébénisterie, donnent des produits très-recherchés. Le commerce intérieur et
extérieur de la France est fort considérable. Elle
reçoit des pays étrangers du coton, de la laine,
des bois d'ébénisterie, des métaux précieux, du
café, du thé, des épices, etc. Elle exporte les produits variés de son agriculture et de son industrie, notamment les vins et des eaux-de-vie, les
étoffes de laine et de soie, les meubles, et un
grand nombre d'articles de mode et de goût.

47. Voies de communication. D'importantes
voies de communication facilitent les transac-

du sol de la France? — 46. Donnez quelques détails sur
l'industrie et le commerce. — 47. Indiquez les voies de

tions commerciales. Ce sont d'abord les nombreux cours d'eaux navigables (fleuves et rivières), reliés entre eux par des canaux, parmi lesquels le canal de Briare (de la Seine à la Loire), le canal du Centre (de la Loire à la Saône), le canal du Languedoc ou du Midi (de la Méditerranée à l'Océan par la Garonne); ensuite les routes de terre, routes nationales, routes départementales et chemins vicinaux, qui mettent en rapport entre elles les moindres communes; enfin les chemins de fer qui sillonnent le territoire et dont les lignes principales sont : le chemin du Nord, de Paris à la frontière belge; le chemin de l'Ouest, de Paris à l'Océan; le chemin de l'Est, de Paris aux frontières allemande et suisse; le chemin d'Orléans, de Paris à la frontière espagnole; le chemin de Lyon, de Paris à la Méditerranée et aux frontières suisse et italienne : ce dernier chemin est en communication avec l'Italie par le tunnel du mont Cenis.

48. Possessions coloniales. La France compte : en *Afrique* : l'*Algérie*, des possessions dans la *Sénégambie* et la *Guinée*, l'île de la *Réunion*, les îles *Mayotte* et *Nossi-Bé*;—en *Asie* : des possessions dans l'*Hindoustan* et dans la *Cochinchine*; — en *Amérique* : la *Guyane française*, la *Guadeloupe*, la *Martinique*;—dans l'*Océanie* : la *Nouvelle-Calédonie*, les îles *Marquises*. — La population de ces possessions diverses s'élève à environ 4,500,000 habitants.

communication. — 48. Quelles sont ses possessions coloniales ?

Tableau comparatif des Provinces et des Départements.

PROVINCES.	DÉPARTEMENTS.	SUPERFICIE EN HECTARES.	POPULATION.	PRÉFECTURES.
I. Versant de la mer du Nord (partie française).				
ARTOIS	1 { Pas-de-Calais . . .	660,560	761,458	Arras.
FLANDRE	1 { Nord	568,080	1,417,764	Lille.
LORRAINE	3 { Meuse. . . .	622,780	283,725	Bar-le-Duc.
	Vosges . . .	587,650	392,088	Épinal.
	Meurthe-et-Moselle	524,390	365,437	Nancy.
II. Versant de la Manche.				
CHAMPAGNE	4 { Ardennes . . .	523,280	320,217	Mézières.
	Marne	818,000	386,157	Châlons.
	Aube	600,430	255,687	Troyes.
	Haute-Marne. .	621,960	251,196	Chaumont.
	Seine-et-Oise. .	560,360	680,180	Versailles.
ILE-DE-FRANCE. . . .	5 { Seine	47,550	2,2?0,160	Paris.
	Seine-et-Marne .	573,630	341,490	Melun.
	Oise	585,500	396,804	Beauvais.
	Aisne	7?5,200	552,439	Laon.

Région		Département			Chef-lieu
PICARDIE	1	SOMME	616,120	557,015	Amiens.
NORMANDIE	5	SEINE-INFÉRIEURE	603,550	790,022	Rouen.
		EURE	595,760	577,874	Evreux.
		CALVADOS	552,000	454,012	Caen.
		ORNE	600,720	398,250	Alençon.
		MANCHE	592,800	544,776	Saint-Lô.

III. Versant de l'océan Atlantique (mer de France).

Région		Département			Chef-lieu
BRETAGNE	5	ILLE-ET-VILAINE	672,580	589,532	Rennes.
		CÔTES-DU-NORD	688,560	652,295	Saint-Brieuc.
		FINISTÈRE	672,170	632,963	Quimper.
		MORBIHAN	679,780	490,352	Vannes.
		LOIRE-INFÉRIEURE	687,450	602,208	Nantes.
MAINE	2	MAYENNE	517,060	350,637	Laval.
		SARTHE	620,670	446,603	Le Mans.
ANJOU	1	MAINE-ET-LOIRE	712,090	518,471	Angers.
TOURAINE	1	INDRE-ET-LOIRE	611,370	317,027	Tours.
ORLÉANAIS	3	LOIR-ET-CHER	635,060	268,801	Blois.
		EURE-ET-LOIR	587,430	282,622	Chartres.
		LOIRET	677,110	353,021	Orléans.
BERRY	2	CHER	719,930	335,392	Bourges.
		INDRE	679,530	277,693	Châteauroux.
NIVERNAIS	1	NIÈVRE	681,650	339,917	Nevers.
BOURBONNAIS	1	ALLIER	750,840	300,812	Moulins.
AUVERGNE	2	PUY-DE-DÔME	795,650	566,463	Clermont-Ferrand.
		CANTAL	574,150	231,867	Aurillac.
MARCHE	1	CREUSE	556,830	274,663	Guéret.
LIMOUSIN	2	HAUTE-VIENNE	551,060	322,447	Limoges.
		CORRÈZE	586,610	302,746	Tulle.

PROVINCES.		DÉPARTEMENTS.	SUPERFICIE EN HECTARES.	POPULATION.	PRÉFECTURES.
POITOU.	3	Vendée.	670,350	401,446	La Roche-sur-Yon.
		Deux-Sèvres. . .	509,990	331,243	Niort.
		Vienne	697,040	320,598	Poitiers.
AUNIS et SAINTONGE. . . .	1	Charente-Inférieure .	682,570	465,653	La Rochelle.
ANGOUMOIS	1	Charente.	594,240	367,520	Angoulême.
		Hautes-Pyrénées. .	452,950	235,156	Tarbes.
		Gers	628,030	284,717	Auch.
		Tarn-et-Garonne. .	372,020	221,610	Montauban.
		Aveyron.	874,330	402,474	Rodez.
GUYENNE et GASCO-GNE	9	Lot.	521,170	284,401	Cahors.
		Dordogne	918,250	480,144	Périgueux.
		Lot-et-Garonne. . .	535,395	319,280	Agen.
		Gironde.	1,034,030	705,149	Bordeaux.
		Landes	932,130	300,528	Mont-de-Marsan.
BÉARN	1	Basses-Pyrénées . .	762,270	426,700	Pau.
COMTÉ DE FOIX . . .	1	Ariége	489,390	246,298	Foix.

IV. Versant de la Méditerranée.

PROVINCES.		DÉPARTEMENTS.	SUPERFICIE EN HECTARES.	POPULATION.	PRÉFECTURES.
BOURGOGNE.	4	Ain.	580,660	963,290	Bourg.
		Saône-et-Loire. . .	855,470	598,344	Mâcon.
		Côte-d'Or	876,410	374,510	Dijon.
		Yonne.	742,800	363,608	Auxerre.

Province		Département			Chef-lieu
FRANCHE-COMTÉ.	3	HAUTE-SAÔNE.	533,990	303,088	Vesoul.
		DOUBS.	522,750	291,251	Besançon.
		JURA.	499,400	287,634	Lons-le-Saunier.
LYONNAIS.	2	LOIRE.	475,960	550,611	Saint-Étienne.
		RHÔNE.	279,040	670,247	Lyon.
DAUPHINÉ.	3	ISÈRE.	828,930	575,784	Grenoble.
		DRÔME.	652,160	320,447	Valence.
		HAUTES-ALPES.	558,960	118,898	Gap.
PROVENCE.	3	BOUCHES-DU-RHÔNE.	510,490	554,911	Marseille.
		VAR.	802,750	293,757	Draguignan.
		BASSES-ALPES.	695,420	139,332	Digne.
LANGUEDOC.	8	HAUTE-LOIRE.	496,220	308,732	Le Puy.
		ARDÈCHE.	559,660	380,277	Privas.
		LOZÈRE.	516,970	135,190	Mende.
		GARD.	583,560	420,131	Nîmes.
		HÉRAULT.	619,800	429,878	Montpellier.
		AUDE.	631,320	285,927	Carcassonne.
		TARN.	574,210	352,718	Alby.
		HAUTE-GARONNE.	628,990	479,762	Toulouse.
ROUSSILLON.	1	PYRÉNÉES-ORIENTALES.	412,210	191,856	Perpignan.
CORSE.	1	CORSE.	874,740	358,507	Ajaccio.

Provinces réunies depuis 1789.

Province		Département			Chef-lieu
COMTAT D'AVIGNON.	1	VAUCLUSE.	554,780	263,451	Avignon.
SAVOIE.	2	SAVOIE.	591,360	267,958	Chambéry.
		HAUTE-SAVOIE.	432,710	273,027	Annecy.
COMTÉ DE NICE.	1	ALPES-MARITIMES.	387,000	199,0.7	Nice.

CHAPITRE IV.

Description des départements de la France.

49. L'ancienne division de la France par provinces se reproduisant à chaque page dans notre histoire, et l'usage s'étant maintenu de désigner les habitants des départements par le nom de leur ancienne province, nous donnons le tableau comparatif de ces provinces et des départements qu'elles ont formés.

Ce tableau comparatif présente l'état actuel de la France, tel que l'ont fait les traités de **1871**. Les provinces d'Alsace et de Lorraine enlevées en partie à la France par ces traités possédaient un riche territoire, des villes de premier ordre, Strasbourg et Metz, les cités les plus industrieuses, Colmar, Mulhouse, Thann, Sainte-Marie-aux-Mines, Schelestadt, Bischwiller, etc.

Dans la description des départements nous suivons l'ordre des versants et des bassins. Cette méthode hydrographique, en formant des groupes distincts qui ne varient point, parce qu'ils ne sont pas soumis aux changements politiques, a l'avantage de faire connaître exactement la position de chaque département.

QUESTIONS. — 49. Comment ont été formés les départements de la France? Quel est le département que la Flandre a formé? Combien de départements ont été formés de la Champagne? Mêmes questions pour d'autres provinces.

Description des départements d'après les bassins.

Bassin de l'Escaut (partie française).

50. Le bassin de l'Escaut (partie française), qui est situé au nord-ouest de la France et verse ses eaux dans la mer du Nord, comprend les départements du Pas-de-Calais et du Nord.

Département du Pas-de-Calais. Chef-lieu : **Arras,** sur la Scarpe, place forte ; grand commerce d'huile de graines, de batistes et de dentelles ; raffineries de sucre de betteraves : **27,330** habit. — Sous-préfectures : *Saint-Omer,* place forte : *Béthune ; Saint-Pol : Montreuil-sur-Mer, Boulogne,* port sur la Manche, fréquenté pour le passage de France en Angleterre. — *Calais,* port sur le pas de Calais, très-fréquenté comme le passage le plus court de France en Angleterre.

Département du Nord. — Chef-lieu : **Lille,** sur la Deûle, place forte, ville industrieuse et commerçante ; dentelles ; teintureries ; raffineries de sucre de betteraves : **158,120** habit. — Sous-préfectures : *Douai,* sur la Scarpe, place forte ; arsenal très-important ; *Valenciennes,* sur l'Escaut, place forte ; centre de l'exploitation houillère ; dentelles renommées ; *Dunkerque,* port sur la mer du Nord, place forte ; *Avesnes ; Cambray,* place forte ; *Hazebrouck.* — *Roubaix* et *Tourcoing,* fabriques d'étoffes de laine et de coton ;

— 50. Combien de départements le bassin de l'Escaut comprend-il ? Nommez le chef-lieu et les villes principales du département du Pas-de-Calais, du département du Nord.

Armentières, sur la Lys, importantes filatures de lin ; *Anzin*, mines de houille.

Bassin de la Meuse (partie française).

51. Le bassin de la Meuse (partie française), qui est situé au nord-est de la France et verse ses eaux dans la mer du Nord, comprend les départements de la Meuse et des Ardennes.

Département de la Meuse. — Chef-lieu : **Bar-le-Duc**, sur l'Ornain, commerce de calicots et de bonneteries : 15,180 habit.— Sous-préfectures : *Verdun*, sur la Meuse, place forte ; *Montmédy*, place forte ; *Commercy*, sur la Meuse.

Département des Ardennes. — Chef-lieu : **Mézières**, sur la Meuse, place forte : 4,310 habit.— Sous-préfectures : *Rocroy*, place forte ; forges aux environs ; *Sedan*, sur la Meuse, place forte ; fabriques de draps renommés ; *Vouziers*, sur l'Aisne ; *Rethel*, sur l'Aisne ; forges dans les environs. — *Charleville*, en face de Mézières, sur la rive opposée de la Meuse ; *Givet*, sur la Meuse, place forte ; *Fumay*, exploitation d'ardoises.

Bassin du Rhin (partie française).

52. Le bassin du Rhin (partie française), qui est situé au nord-est de la France et verse ses eaux dans la mer du Nord, comprend les deux départements des Vosges et de Meurthe-et-Moselle.

— 51. Quels départements le bassin de la Meuse comprend-il ? Nommez le chef-lieu et les villes principales du département de la Meuse ; du département des Ardennes. — 52. Mêmes questions pour le bassin du Rhin et pour les

Département des Vosges.—Chef-lieu : Épinal, sur la Moselle : 11,850 habit.; dans ses environs, nombreuses papeteries. — Sous-préfectures : *Mirecourt*, instruments de musique, broderies et dentelles; *Saint-Dié*, sur la Meurthe, papeteries; *Remiremont*, sur la Moselle; *Neufchâteau*, sur la Meuse. — *Domremy*, où naquit Jeanne d'Arc; *Plombières* et *Contrexéville*, eaux minérales.

Département de Meurthe-et-Moselle.—Chef-lieu : Nancy, sur la Meurthe, beaux édifices, grand commerce de broderies : 52,980 habit. — Sous-préfectures : *Briey*; *Lunéville*, sur la Meurthe; *Toul*, sur la Moselle, place forte. — *Pont-à-Mousson*, sur la Moselle, verreries; *Baccarat*, manufacture de cristaux.

Bassin côtier de la Somme.

53. Le bassin côtier de la Somme, qui est situé au nord du bassin de la Seine et verse ses eaux dans la Manche, comprend le département de la Somme.

Département de la Somme.—Chef-lieu : Amiens, sur la Somme, velours, tapis et étoffes de laine : 63,750 habit. — Sous-préfectures : *Doullens*, place forte, fabriques de toiles; *Péronne*, sur la Somme, place forte; *Montdidier*; *Abbeville*, sur la Somme, fabriques de draps et de moquettes.— *Saint-Valery-sur-Somme*, petit port à l'embouchure de la Somme.

départements qu'il comprend. — 53. Où est situé le bassin de la Somme? Quel département comprend-il? Nommez le chef-lieu et les villes principales

CHAPITRE V.

Suite de la Description des départements.

Grand bassin de la Seine.

54. Le grand bassin de la Seine est situé au centre et au nord-ouest de la France et verse ses eaux dans la Manche. Quatre bassins secondaires en dépendent, ceux de la *Marne,* de l'*Oise,* de l'*Yonne* et de l'*Eure,* que la Seine reçoit à droite ou à gauche, et trois bassins côtiers, ceux de l'*Orne,* de la *Vire* et de la *Rance,* qui versent aussi leurs eaux dans la Manche.

55. Le bassin de la Seine comprend les départements de la Côte-d'Or[1], de l'Aube, de Seine-et-Marne, de la Seine, de Seine-et-Oise et de la Seine-Inférieure.

Département de la Côte-d'Or. — Chef-lieu : **Dijon,** sur le canal de Bourgogne, ville industrielle et commerçante : **42,570** habit. — Sous-préfec-

QUESTIONS. — 54. Où est situé le grand bassin de la Seine? Quels sont les bassins secondaires qui en dépendent? — 55. Quels départements le bassin de la Seine comprend-il? Quel est le chef-lieu du département de la Côte-d'Or? Nommez les sous-préfectures. Mêmes questions

1. Le département de la Côte-d'Or appartient plutôt au bassin du Rhône qu'au bassin de la Seine, mais il est placé dans ce dernier bassin parce que la Seine prend sa source dans la Côte-d'Or.

tures : *Châtillon-sur-Seine*, usines et forges ; *Beaune*, vins renommés ; *Semur*, sur l'Armançon.

Département de l'Aube. — Chef-lieu : **Troyes**, sur la Seine, manufactures de toiles et de bonneterie : 38,110 habit.—Sous-préfectures : *Arcis-sur-Aube* ; *Bar-sur-Aube*, commerce de céréales ; *Bar-sur-Seine* ; *Nogent-sur-Seine*, commerce de bois et de charbon.

Département de Seine-et-Marne. — Chef-lieu : **Melun**, sur la Seine, fabriques de faïences : 11,130 habit. — Sous-préfectures : *Meaux*, sur la Marne, commerce de grains et de fromages ; *Coulommiers* ; *Provins* ; *Fontainebleau*, belle forêt et château célèbre, carrières de grès. — *Montereau*, fabriques de faïences ; *La Ferté-sous-Jouarre*, exploitation de pierres meulières.

Département de la Seine. — Chef-lieu : **Paris**, sur la Seine, capitale de la France, une des villes les plus grandes, les plus industrieuses et les plus riches du monde, le centre des sciences, des lettres et des arts : 1,851,790 habit. — Sous-préfectures : *Saint-Denis*, sur la Seine ; *Sceaux*.

Département de Seine-et-Oise. — Chef-lieu : **Versailles**, magnifique château bâti par Louis XIV, musée historique national : 45,000 habit. — Sous-préfectures : *Pontoise*, sur l'Oise ; *Corbeil*, sur la Seine, commerce de grains et de farines ; *Étampes* ; *Rambouillet* ; *Mantes*, sur la Seine. — *Sèvres*, manufacture nationale de porcelaine ; *Saint-Germain*, belle forêt ; *Poissy*, sur la Seine.

pour les départements de l'Aube, de Seine-et-Marne, de la

Département de la Seine-Inférieure.—Chef-lieu : Rouen, port maritime sur la Seine, une des villes les plus industrieuses de l'Europe et les plus commerçantes de la France ; nombreuses fabriques de toiles dites *rouenneries :* 102,470 habit. — Sous-préfectures : *Le Havre*, port sur la Manche, à l'embouchure de la Seine, port de commerce très-important : 86,830 habit. ; *Yvetot* ; *Dieppe*, port sur la Manche, armements pour la pêche de la morue et du hareng ; *Neufchâtel*, commerce de beurres et de fromages. — *Elbeuf*, importantes manufactures de draps ; *Bolbec*, fabriques d'indiennes ; *Gournay*, beurre renommé ; *Fécamp* et *Saint-Valery-en-Caux*, petits ports sur la Manche.

Bassin secondaire de la Marne.

56. Le bassin secondaire de la Marne, affluent de la Seine, comprend les départements de la Haute-Marne et de la Marne.

Département de la Haute-Marne. — Chef-lieu : Chaumont, sur un plateau élevé, près de la Marne : 8,600 habit. — Sous-préfectures : *Vassy* ; *Langres*, coutellerie renommée. — *Saint-Dizier*, sur la Marne, forges et fonderies importantes.

Département de la Marne. — Chef-lieu : Châlons-sur-Marne, commerce de vins de Champagne : 16,450 habit.— Sous-préfectures : *Reims*,

Seine, de Seine-et-Oise et de la Seine-Inférieure.— 56. Quels départements comprend le bassin de la Marne? Nommez le chef-lieu et les villes principales des départements de la

fabriques d'étoffes de laine; commerce de vins de Champagne : 71,990 habit. ; *Sainte-Menehould*, sur l'Aisne; *Vitry-le-François*, sur la Marne; *Épernay*, sur la Marne, grand commerce de vins de Champagne.

Bassin secondaire de l'Oise.

57. Le bassin secondaire de l'Oise, affluent de la Seine, comprend les départements de l'Aisne et de l'Oise.

Département de l'Aisne. — Chef-lieu : **Laon**, sur une montagne : **10,270** habit. — Sous-préfectures : *Soissons*, sur l'Aisne; *Saint-Quentin*, sur la Somme ; fabriques de batistes, de dentelles et de tissus de coton; *Vervins*; *Château-Thierry*, sur la Marne. — *Saint-Gobain*, importante manufacture de glaces; *La Fère*, arsenal d'artillerie.

Département de l'Oise. — Chef-lieu : **Beauvais**, manufacture nationale de tapisseries : **15,550** habit. — Sous-préfectures : *Clermont*; *Compiègne*, sur l'Oise : château historique ; *Senlis*. — *Creil*, sur l'Oise, fabriques de faïence et de porcelaine ; *Chantilly*, fabrique de dentelles.

Bassin secondaire de l'Yonne.

58. Le bassin secondaire de l'Yonne, affluent de la Seine, comprend le département de l'Yonne.

Haute-Marne et de la Marne. — 57. Mêmes questions pour le bassin de l'Oise et pour les départements qu'il renferme. — 58. Quel département le bassin de l'Yonne comprend-

Département de l'Yonne. — Chef-lieu : **Auxerre,** sur l'Yonne ; grand commerce de bois : **15,630** habit. — Sous-préfectures : *Joigny,* sur l'Yonne, vins renommés ; *Sens,* sur l'Yonne ; *Tonnerre,* sur l'Armançon, vins renommés ; *Avallon.*

Bassin secondaire de l'Eure.

59. Le bassin secondaire de l'Eure, affluent de la Seine, comprend les départements d'Eure-et-Loir et de l'Eure.

Département d'Eure-et-Loir. — Chef-lieu : **Chartres,** sur l'Eure, grand commerce de blé : **19,580** habit. — Sous-préfectures : *Dreux; Châteaudun,* sur le Loir ; *Nogent-le-Rotrou,* grand commerce de bestiaux.

Département de l'Eure. — Chef-lieu : **Évreux,** grand commerce de grains : **13,350** habit. — Sous-préfectures : *Louviers,* sur l'Eure, importantes manufactures de draps ; *Les Andelys,* sur la Seine ; *Pont-Audemer,* nombreuses tanneries ; *Bernay.* — *Quillebœuf*, port maritime sur la Seine ; *Rugles,* fabriques d'épingles.

Bassin côtier de l'Orne.

60. Le bassin côtier de l'Orne, qui verse ses eaux dans la Manche, comprend les départements de l'Orne et du Calvados.

il ? Quel est le chef-lieu et quelles sont les villes principales du département de l'Yonne? — 59. Mêmes questions
pour le bassin de l'Eure et les départements qu'il renferme. — 60. Quels départements comprend le bassin cô-

Département de l'Orne. — Chef-lieu : Alençon, sur la Sarthe, fabriques de toiles et de dentelles : 16,040 habit. — Sous-préfectures : *Argentan*, sur l'Orne ; *Mortagne*, fabriques de toiles ; *Domfront*, commerce de chevaux. — *Sées*, sur l'Orne, fabriques de basins ; *Vimoutiers*, centre de la fabrication des toiles de cretonne ; *L'Aigle*, grandes fabriques d'épingles et d'aiguilles ; *Flers*, fabriques de coutils.

Département du Calvados. — Chef-lieu : Caen, port maritime sur l'Orne ; grand commerce de bestiaux et de chevaux : 41,210 habit. — Sous-préfectures : *Pont-l'Évêque ; Lisieux*, toiles renommées ; *Falaise*, teintureries ; *Vire*, fabriques de draps ; *Bayeux*, fabriques de porcelaine. —*Honfleur*, port sur la Manche, à l'embouchure de la Seine, vis-à-vis du Havre ; *Isigny*, renommé pour son beurre et son cidre.

Bassin côtier de la Vire.

61. Le bassin côtier de la Vire, qui verse ses eaux dans la Manche, comprend le département de la Manche.

Département de la Manche.—Chef-lieu : Saint-Lô, sur la Vire ; fabriques de draps et de toiles : 9,290 habit.—Sous-préfectures : *Coutances*, commerce de grains ; *Cherbourg*, port militaire sur la Manche ; *Valognes* ; *Avranches*, fabriques de dentelles ; *Mortain*, fabriques de toiles. — *Gran-*

tier de l'Orne? Quel est le chef-lieu et quelles sont les villes principales des départements de l'Orne et du Cal-

ville, port sur la Manche, armements considérables pour la pêche de la morue et de la baleine.

Bassin côtier de la Rance.

62. Le bassin côtier de la Rance, qui verse ses eaux dans la Manche, comprend le département des Côtes-du-Nord.

Département des Côtes-du-Nord. — Chef-lieu : Saint-Brieuc, port maritime sur le Gouet : 15,250 habit. — Sous-préfectures : *Dinan,* port maritime sur la Rance ; *Loudéac,* fabriques de toiles ; *Guingamp,* commerce de toiles ; *Lannion.*

CHAPITRE VI.

Suite de la Description des départements.

Grand bassin de la Loire.

63. Le grand bassin de la Loire est situé au centre et à l'ouest de la France et verse ses eaux dans l'océan Atlantique. Quatre bassins secondaires, ceux de la *Maine,* de l'*Allier,* du *Cher* et de la *Vienne,* en dépendent, ainsi que trois bassins côtiers, ceux de la *Vilaine,* de la *Sèvre niortaise* et de la *Charente,* qui jettent aussi leurs eaux dans l'océan Atlantique.

vados ? — 61 et 62. Mêmes questions pour les bassins côtiers de la Vire et de la Rance.

QUESTIONS.— 63. Où est situé le grand bassin de la Loire ? Quels sont les bassins secondaires qui en dépendent ? —

64. Le grand bassin de la Loire comprend les départements de la Haute-Loire, de la Loire, de la Nièvre, du Loiret, de Loir-et-Cher, d'Indre-et-Loire, de Maine-et-Loire et de la Loire-Inférieure.

Département de la Haute-Loire. — Chef-lieu : Le Puy, sur le mont Corneille, près de la Loire, fabriques de dentelles et de blondes : 19,250 habit. — Sous-préfectures : *Yssengeaux*, commerce de dentelles et de blondes; *Brioude*, près de l'Allier.

Département de la Loire. — Chef-lieu : Saint-Étienne, fabriques de rubans de soie, d'armes et de quincaillerie ; aux environs, importante exploitation de houille : 110,800 habit. — Sous-préfectures : *Montbrison*, sur le penchant d'une montagne; *Roanne*, sur la Loire, tissage et teinture du coton. — *Rive-de-Gier*, grande exploitation de houille et fabriques de tôle et d'acier; *Saint-Chamond*, fabrication de rubans de soie.

Département de la Nièvre.—Chef-lieu : Nevers, au confluent de la Loire et de la Nièvre, manufactures de faïences; forges et fonderies dans les environs : 22,270 habit. — Sous-préfectures : *Clamecy*, sur l'Yonne, commerce de bois et de charbons ; *Château-Chinon*, sur l'Yonne; *Cosne*, sur la Loire. — *Pouilly*, vins blancs renommés; *Fourchambault*, forges importantes.

Département du Loiret. — Chef-lieu : Orléans,

64. Quels départements le grand bassin de la Loire comprend-il ? Quel est le chef-lieu et quelles sont les villes principales du département de la Haute-Loire? Mêmes questions pour

sur la Loire, grand commerce de vins et de vinaigres : 48,980 habit. — Sous-préfectures : *Pithiviers; Montargis,* sur le canal de Briare; *Gien,* sur la Loire, fabrique de porcelaine. — *Beaugency,* vins renommés.

Département de Loir-et-Cher.—Chef-lieu : **Blois,** sur la Loire : 19,860 habit.— Sous-préfectures : *Vendôme,* sur le Loir ; *Romorantin,* fabriques de draps.

Département d'Indre-et-Loire.—Chef-lieu : **Tours,** sur la Loire, au milieu d'une plaine fertile ; commerce de fruits : 43,370 habit. — Sous-préfectures : *Loches,* sur l'Indre ; *Chinon,* sur la Vienne. — *Amboise,* sur la Loire, château historique.

Département de Maine-et-Loire. — Chef-lieu : **Angers,** sur la Maine, filatures de chanvre, toiles à voiles, corderies ; carrières d'ardoises : **58,460** habit. — Sous-préfectures : *Segré,* commerce de toiles ; *Baugé ; Saumur,* sur la Loire ; *Chollet,* fabriques de toiles et de mouchoirs.

Département de la Loire-Inférieure.—Chef-lieu : **Nantes,** port maritime sur la Loire, grande ville très-commerçante ; préparation de conserves alimentaires : 118,520 habit. — Sous-préfectures : *Châteaubriand ; Ancenis,* sur la Loire ; *Paimbœuf,* port maritime sur la Loire ; *Saint-Nazaire,* port important sur l'océan Atlantique, à l'embouchure de la Loire. — *Guérande,* grand commerce de sel ; *Le Croisic,* port sur l'océan Atlantique.

les départements de la Loire, de la Nièvre, etc. — 65. Quels

Bassin secondaire de la Maine.

65. Le bassin secondaire de la Maine, affluent de la Loire, comprend les départements de la Sarthe et de la Mayenne.

Département de la Sarthe.—Chef-lieu : Le Mans, sur la Sarthe, grand commerce de volaille, fabrication de toiles : 46,980 habit. — Sous-préfectures : *Mamers*, fabriques de toiles ; *Saint-Calais* ; *La Flèche*, sur le Loir, commerce de volaille.

Département de la Mayenne.—Chef-lieu : Laval, sur la Mayenne, toiles renommées : 26,340 habit. —Sous-préfectures : *Mayenne*, sur la Mayenne, fabriques de toiles ; *Château-Gontier*, sur la Mayenne.

Bassin secondaire de l'Allier.

66. Le bassin secondaire de l'Allier, affluent de la Loire, comprend les départements du Puy-de-Dôme et de l'Allier.

Département du Puy-de-Dôme. — Chef-lieu : Clermont-Ferrand, fabriques de conserves de fruits et de pâtes alimentaires : 37,350 habit.— Sous-préfectures : *Riom*, commerce de serges et de quincaillerie ; *Thiers*, importantes fabriques de coutellerie ; *Ambert*, fabriques de papier ; *Issoire*, près de l'Allier. — *Volvic*, carrières de lave ; *Le Mont-Dore*, eaux thermales.

départements comprend le bassin de la Maine? Quel est le chef-lieu et quelles sont les villes principales du département de la Sarthe? du département de la Mayenne? — 66. Quels départements le bassin de l'Allier comprend-il? Quel est le chef-lieu et quelles sont les villes principales

Département de l'Allier. — **Moulins**, sur l'Allier, coutellerie renommée : 20,380 habit. — Sous-préfectures : *La Palisse* ; *Gannat* ; *Montluçon*, sur le Cher et le canal du Berry ; forges, fonderies, fabrique de glaces. — *Vichy* et *Néris*, eaux thermales renommées.

Bassin secondaire du Cher.

67. Le bassin secondaire du Cher, affluent de la Loire, comprend les départements du Cher et de l'Indre.

Département du Cher. — Chef-lieu : **Bourges**, grand arsenal militaire : 31,310 habit. — Sous-préfectures : *Sancerre*, sur une montagne, près de la Loire ; *Saint-Amand-Mont-Rond*, sur le Cher, importantes minières de fer. — *Vierzon*, sur le Cher, forges, fabriques de porcelaine.

Département de l'Indre. — Chef-lieu : **Châteauroux**, sur l'Indre ; commerce de laines et fabriques de draps : 18,670 habit. — Sous-préfectures : *Issoudun*, fabriques de draps : 14,230 habit. ; *La Châtre*, sur l'Indre, tanneries ; *Le Blanc*, sur la Creuse, fabriques de grosses draperies.

Bassin secondaire de la Vienne.

68. Le bassin secondaire de la Vienne, affluent de la Loire, comprend les départements de la Creuse, de la Haute-Vienne et de la Vienne.

du département du Puy-de-Dôme? du département de l'Allier? — 67. Mêmes questions pour le bassin du Cher et les départements qu'il comprend. — 68. Mêmes questions pour

Département de la Creuse. —Chef-lieu : **Guéret**, près de la Creuse ; commerce de bestiaux : 5,720 habit. — Sous-préfectures : *Boussac* ; *Aubusson*, sur la Creuse, manufactures de tapis ; *Bourganeuf*, fabriques de porcelaines.

Département de la Haute-Vienne. — Chef-lieu : **Limoges**, sur la Vienne, fabriques de porcelaine et de laines tissées, grand commerce de chevaux : 55,130 habit.—Sous-préfectures : *Bellac* ; *Saint-Yrieix*, fabriques de porcelaines ; *Rochechouart*, forges et usines.

Département de la Vienne. — Chef-lieu : **Poitiers**, antiquités remarquables : 30,030 habit.— Sous-préfectures : *Loudun* ; *Châtellerault*, sur la Vienne, coutellerie renommée, fabrique d'armes ; *Montmorillon* ; *Civray*, sur la Charente, commerce de truffes et de marrons.

Bassin côtier de la Vilaine.

69. Le bassin côtier de la Vilaine, qui verse ses eaux dans l'océan Atlantique, comprend les départements du Finistère, du Morbihan et d'Ille-et-Vilaine.

Département du Finistère. — Chef-lieu : **Quimper**, sur l'Odet, commerce assez considérable : 13,150 habit. — Sous-préfectures : *Châteaulin* ; *Morlaix*, port maritime sur le Jarlot ; *Brest*, port

le bassin de la Vienne et les départements qu'il comprend. — 69. Quels départements comprend le bassin côtier de la Vilaine ? Quel est le chef-lieu et quelles sont les villes

militaire sur l'océan Atlantique, un des ports les plus beaux et les plus sûrs de l'Europe : **66,270** habit.; *Quimperlé*.

Département du Morbihan.—Chef-lieu : **Vannes**, port maritime sur le golfe du Morbihan, ville assez commerçante : **14,690** habit. — Sous-préfectures : *Lorient*, port militaire; *Pontivy*, sur le Blavet et le canal de Bretagne; *Ploërmel*.

Département d'Ille-et-Vilaine. — Chef-lieu : **Rennes**, au confluent de l'Ille et de la Vilaine; fabriques de toiles et grand commerce de beurre : **52,040** habit. — Sous-préfectures : *Saint-Malo*, port sur la Manche, armements pour la pêche de la morue; *Fougères*, fabrique de toiles; *Vitré*; *Redon*; *Montfort-sur-Meu*. — *Cancale*, port sur la Manche, huîtres renommées; *Saint-Servan*, port maritime à l'embouchure de la Rance.

Bassin côtier de la Sèvre niortaise.

70. Le bassin secondaire de la Sèvre niortaise, qui verse ses eaux dans l'océan Atlantique, comprend les départements des Deux-Sèvres et de la Vendée.

Département des Deux-Sèvres.—Chef-lieu : **Niort**, sur la Sèvre niortaise, fabriques de ganterie : **21,340** habit. — Sous-préfectures : *Bressuire*; *Parthenay*; *Melle*, grand commerce de mulets.

Département de la Vendée. — Chef-lieu : **La**

principales du département du Finistère? du département du Morbihan? du département d'Ille-et-Vilaine? — 70 et

Roche-sur-Yon : 8,840 habit. — Sous-préfectures : *Fontenay-le-Comte*, sur la Vendée ; *Les Sables-d'Olonne*, port sur l'océan Atlantique, commerce de conserves de sardines.

Bassin côtier de la Charente.

71. Le bassin secondaire de la Charente, dont les eaux se rendent dans l'océan Atlantique, comprend les départements de la Charente et de la Charente-Inférieure.

Département de la Charente. — Chef-lieu : **Angoulême**, sur une colline, près de la Charente ; papeteries et distilleries renommées : 25,930 habit. — Sous-préfectures : *Ruffec*, sur la Charente, commerce de truffes ; *Confolens*, sur la Vienne ; *Barbezieux* ; *Cognac*, sur la Charente, centre du commerce des eaux-de-vie.

Département de la Charente-Inférieure. — Chef-lieu : **La Rochelle**, port sur l'océan Atlantique, armements pour la pêche de la morue et de la sardine : 19,500 habit. — Sous-préfectures : *Saintes*, sur la Charente ; *Saint-Jean-d'Angély*, commerce d'eaux-de-vie ; *Jonzac* ; *Marennes*, port sur l'océan Atlantique, huîtres renommées ; *Rochefort*, port militaire sur la Charente.

71. Mêmes questions pour les bassins côtiers de la Sèvre niortaise et de la Charente.

CHAPITRE VII.

Suite de la Description des Départements.

Grand bassin de la Garonne.

72. Le grand bassin de la Garonne est situé au sud et à l'ouest de la France. Au Bec d'Ambez, la Garonne reçoit la Dordogne et prend avec elle le nom de *Gironde* jusqu'à son embouchure dans l'océan Atlantique (mer de France). Du bassin de la Garonne dépendent cinq bassins secondaires, ceux de l'*Ariége*, du *Tarn*, du *Lot*, de la *Dordogne*, du *Gers*, que la Garonne reçoit à droite ou à gauche, et un bassin côtier, celui de l'*Adour*, qui verse ses eaux dans le golfe de Gascogne.

73. Le bassin de la Garonne comprend les départements de la Haute-Garonne, de Tarn-et-Garonne, de Lot-et-Garonne et de la Gironde.
Département de la Haute-Garonne. — Chef-lieu : **Toulouse,** sur la Garonne, à sa jonction avec le canal du Midi, ville importante par son industrie et son commerce : 124,850 habit. — Sous-préfectures : *Muret,* sur la Garonne ; *Villefranche,* près du canal du Midi, commerce de grains; *Saint-Gaudens.*

QUESTIONS. — 72. Où est situé le bassin de la Garonne ? Quels sont les bassins secondaires qui en dépendent ? — 73. Quels départements le bassin de la Garonne comprend-il ? Quel est le chef-lieu et quelles sont les villes princi-

Département de Tarn-et-Garonne. — Chef-lieu : **Montauban**, sur le Tarn, commerce de grains, fabriques de draps et filatures de soie : 25,620 habit. — Sous-préfectures : *Moissac; Castel-Sarrasin.*

Département de Lot-et-Garonne. — Chef-lieu : **Agen**, sur la Garonne, grand commerce de pruneaux : 18,890 habit. — Sous-préfectures : *Villeneuve-d'Agen,* sur le Lot; *Nérac,* commerce de truffes; *Marmande,* sur la Garonne.

Département de la Gironde. — Chef-lieu : **Bordeaux**, port maritime sur la Garonne, une des villes les plus belles de la France et les plus commerçantes de l'Europe; vins renommés : 194,060 habit. — Sous-préfectures : *Lesparre; Blaye,* place forte, sur la Gironde; *Libourne,* port maritime sur la Dordogne; *Bazas; La Réole,* sur la Garonne.

Bassin secondaire de l'Ariége.

74. Le bassin secondaire de l'Ariége, affluent de la Garonne, comprend le département de l'Ariége.

Département de l'Ariége. — Chef-lieu : **Foix**, sur l'Ariége, carrières de marbre, forges importantes : 6,700 habit. — Sous-préfectures : *Pamiers,* sur l'Ariége, forges importantes; *Saint-Girons,* grand commerce avec l'Espagne.

pales du département de la Haute-Garonne? Mêmes questions pour les départements de Tarn-et-Garonne, de Lot-et-Garonne, etc. — 74. Quel département le bassin de l'Ariége comprend-il? Nommez le chef-lieu et les villes

Bassin secondaire du Tarn.

75. Le bassin secondaire du Tarn, affluent de la Garonne, comprend les départements de la Lozère, de l'Aveyron et du Tarn.

Département de la Lozère. — Chef-lieu : **Mende,** sur le Lot, nombreuses fabriques de serges : 6,900 habit. — Sous-préfectures : *Florac ; Marvéjols,* fabriques de serges.

Département de l'Aveyron. — Chef-lieu : **Rodez,** sur l'Aveyron, commerce de bestiaux : **12,110** habit. —Sous-préfectures : *Espalion,* sur le Lot ; *Milhau,* sur le Tarn ; *Saint-Affrique,* fabriques de draps ; *Villefranche,* sur l'Aveyron, forges. — *Roquefort,* fromages renommés.

Département du Tarn. — Chef-lieu : **Alby,** sur le Tarn, importantes fabriques de draps : **17,470** habit. — Sous-préfectures : *Castres,* manufactures de draps ; *Lavaur,* filature de la soie ; *Gaillac,* sur le Tarn.

Bassin secondaire du Lot.

76. Le bassin secondaire du Lot, affluent de la Garonne, comprend le département du Lot.

Département du Lot. — Chef-lieu : **Cahors,** sur le Lot, commerce de vins du pays : **14,590** habit. — Sous-préfectures : *Gourdon ; Figeac.*

principales de ce département. — 75. Quels départements comprend le bassin du Tarn ? Nommez le chef-lieu et les villes principales du département de la Lozère ; du départe-

Bassin secondaire de la Dordogne.

77. Le bassin secondaire de la Dordogne, affluent de la Garonne, comprend les départements du Cantal, de la Corrèze et de la Dordogne.

Département du Cantal. — Chef-lieu : **Aurillac**, commerce de chaudronnerie, fabriques de dentelles : **11,100** habit. — Sous-préfectures : *Mauriac; Murat; Saint-Flour*, commerce de chevaux et de chaudronnerie.

Département de la Corrèze. — Chef-lieu : **Tulle**, sur la Corrèze, fabriques de dentelles, manufacture d'armes : **13,680** habit.—Sous-préfectures : *Brives*, sur la Corrèze ; *Ussel*.

Département de la Dordogne. — Chef-lieu : **Périgueux**, sur l'Isle, truffes renommées, grand commerce de fer : **21,860** habit. — Sous-préfectures : *Nontron; Sarlat; Bergerac*, sur la Dordogne, commerce de vins ; *Ribérac*.

Bassin secondaire du Gers.

78. Le bassin secondaire du Gers, affluent de la Garonne, comprend le département du Gers.

Département du Gers. — Chef-lieu : **Auch**, sur le Gers, nombreuses distilleries : **13,090** habit.— Sous-préfectures : *Condom*, commerce d'eaux-de-vie ; *Lectoure; Lombez; Mirande*.

tement de l'Aveyron; du département du Tarn. — 76, 77 et 78. Mêmes questions pour les bassins du Lot, de la Dordogne et du Gers et pour les départements qu'ils ren-

Bassin côtier de l'Adour.

79. Le bassin secondaire de l'Adour, situé à l'extrémité sud-ouest de la France, verse ses eaux dans le golfe de Gascogne et comprend les départements des Hautes-Pyrénées, des Basses-Pyrénées et des Landes.

Département des Hautes-Pyrénées. — Chef-lieu : **Tarbes**, sur l'Adour, important haras : **16,560** habit. — Sous-préfectures : *Bagnères-de-Bigorre,* sur l'Adour, eaux minérales, beaux marbres ; *Argelès.* — *Barèges, Saint-Sauveur, Cauterets,* eaux minérales.

Département des Basses-Pyrénées. — Chef-lieu : **Pau**, sur le gave ou la rivière de Pau : **27,300** habit.—Sous-préfectures : *Orthez,* sur le gave de Pau, commerce de cuirs et de sels ; *Oloron ; Mauléon ; Bayonne,* port maritime sur l'Adour, jambons renommés. — *Les Eaux-Bonnes,* eaux minérales ; *Biarritz,* port de mer sur le golfe de Gascogne ; *Saint-Jean-Pied-de-Port,* passage en Espagne.

Département des Landes. — Chef-lieu : **Mont-de-Marsan**, forges et verreries : **8,610** habit. — Sous-préfectures : *Saint-Sever ; Dax.*—*Aire,* sur l'Adour.

ferment. — 79. Quels départements comprend le bassin de l'Adour ? Nommez le chef-lieu et les villes principales du département des Hautes-Pyrénées, du département des Basses-Pyrénées et du département des Landes.

CHAPITRE VIII.

Suite de la Description des départements.

Grand bassin du Rhône.

80. Le grand bassin du Rhône est situé à l'est et au sud de la France et verse ses eaux dans la Méditerranée. Trois bassins secondaires en dépendent, ceux de la *Saône*, de l'*Isère* et de la *Durance*, que le Rhône reçoit à droite ou à gauche, et cinq bassins côtiers, ceux de l'*Hérault*, de l'*Aude*, du *Tet*, de l'*Argens* et du *Var*, qui versent également leurs eaux dans la Méditerranée.

81. Le grand bassin du Rhône comprend les départements de la Haute-Savoie, de l'Ain, du Rhône, de l'Ardèche, du Gard et des Bouches-du-Rhône.

Département de la Haute-Savoie. — Chef-lieu : **Annecy**, fabriques de toiles imprimées : 11,580 habit. — Sous-préfectures : *Thonon*, sur le lac de Genève, commerce de fromages ; *Bonneville*, fabriques d'horlogerie ; *Saint-Julien*. — *Chamouny*, au pied du mont Blanc ; *Évian*, sur le lac de Genève, eaux thermales.

Département de l'Ain. — Chef-lieu : **Bourg**, grand commerce de grains et de volaille : 14,280

QUESTIONS. — 80. Où est situé le bassin du Rhône? Quels sont les bassins secondaires qui en dépendent? — 81. Quels départements le bassin du Rhône comprend-il? Quel est

habit.— Sous-préfectures : *Gex,* au milieu des montagnes du Jura ; *Nantua,* sur le lac de ce nom ; *Belley,* fabrication des fromages dits de Gruyère ; *Trévoux,* sur la Saône.

Département du Rhône. — Chef-lieu : **Lyon,** au confluent du Rhône et de la Saône, la seconde ville de la France sous le rapport de l'industrie, du commerce, de la richesse et de la population : fabrication considérable de soieries : **323,420** habit. — Sous-préfecture : *Villefranche,* près de la Saône. — *Givors,* importantes verreries ; *Tarare,* fabriques de mousselines.

Département de l'Ardèche. — Chef-lieu : **Privas,** commerce de soie : 7,830 habit. — Sous-préfectures : *Tournon,* sur le Rhône ; *L'Argentière.* — *Annonay,* papeteries et mégisseries ; *Viviers,* sur le Rhône ; *Bourg-Saint-Andéol,* commerce de soie.

Département du Gard. — Chef-lieu : **Nîmes,** manufactures de soieries, belles antiquités romaines : 62,390 habit.—Sous-préfectures : *Alais,* mines de houille ; *Uzès* ; *Le Vigan,* filatures de soie. — *Bagnols,* commerce de soie ; *Beaucaire,* sur le Rhône ; *Saint-Gilles,* commerce de vins ; *La Grand'Combe,* exploitation de houille.

Département des Bouches-du-Rhône. — Chef-lieu : **Marseille,** grand port sur la Méditerranée, une des plus anciennes villes de France, commerce très-important avec toutes les parties du monde, et surtout avec l'Orient : 312,860 habit.

le chef-lieu et quelles sont les villes principales du département de la Haute-Savoie ? Mêmes questions pour les

—Sous-préfectures : *Aix*, commerce d'huile d'olives ; *Arles*, sur le Rhône. — *Tarascon*, sur le Rhône ; *La Ciotat*, port sur la Méditerranée, usines et forges importantes.

Bassin secondaire de la Saône.

82. Le bassin secondaire de la Saône, affluent du Rhône, comprend les départements du Jura, du Doubs, de la Haute-Saône et de Saône-et-Loire, plus le territoire de Belfort.

Département du Jura.— Chef-lieu : **Lons-le-Saunier**, tanneries importantes : 10,700 habit. — Sous-préfectures : *Dôle*, sur le Doubs ; *Poligny*, vignobles renommés ; *Saint-Claude*, fabrication d'ouvrages en corne, en buis et en ivoire.

Département du Doubs.— Chef-lieu : **Besançon**, sur le Doubs, place forte, fabriques d'horlogerie : 49,400 habit. — Sous-préfectures : *Montbéliard* ; *Baume-les-Dames*, sur le Doubs ; *Pontarlier*, horlogerie, forges.

Département de la Haute-Saône. — Chef-lieu : **Vesoul**, commerce de fers : 7,720 habit. — Sous-préfectures : *Lure*, usines importantes ; *Gray*, sur la Saône, commerce de farines et de fers. — *Luxeuil*, eaux minérales.

A ce département se rattache le territoire de Belfort, ancienne partie du département du Haut-Rhin. — Chef-lieu : **Belfort**, sur la Savoureuse,

départements de l'Ain, du Rhône, etc. — 82. Quels départements comprend le bassin de la Saône? Nommez le chef-lieu et les villes principales du département du Jura, du

place forte : 8,030 habit.—*Giromagny*, fabrique de calicots.

Département de Saône-et-Loire. — Chef-lieu : **Mâcon**, sur la Saône, grand commerce de vins : 17,450 habit.—Sous-préfectures : *Autun*, ville très-ancienne ; *Chalon-sur-Saône*, ville commerçante; *Louhans; Chârolles.* — *Le Creuzot*, belles fonderies et grandes usines; *Cluny*, ancienne abbaye.

Bassin secondaire de l'Isère.

83. Le bassin secondaire de l'Isère, affluent du Rhône, comprend les départements de la Savoie, de l'Isère et de la Drôme.

Département de la Savoie. — Chef-lieu : **Chambéry**, fabriques de draps et de soieries : 19,140 habit. — Sous-préfectures : *Albertville*, sur l'Isère ; *Saint-Jean-de-Maurienne*, commerce de fromages ; *Moûtiers*, sur l'Isère, salines importantes. — *Aix-les-Bains*, eaux minérales.

Département de l'Isère. — Chef-lieu : **Grenoble**, sur l'Isère, fabriques de gants : 42,660 habit. — Sous-préfectures : *La Tour-du-Pin; Saint-Marcellin; Vienne,* sur le Rhône, manufactures de draps.

Département de la Drôme.—Chef-lieu : **Valence**, sur le Rhône, commerce de soie et de vins : 20,670 habit. — Sous-préfectures : *Die,* sur la Drôme ; *Nyons,* aux environs de laquelle on élève

département du Doubs, etc. — 83 et 84. Mêmes questions pour les bassins de l'Isère et de la Durance et pour les beaucoup de vers à soie ; *Montélimar*, près du Rhône.

Bassin secondaire de la Durance.

84. Le bassin secondaire de la Durance, affluent du Rhône, comprend les départements des Hautes-Alpes, des Basses-Alpes et de Vaucluse.

Département des Hautes-Alpes. — Chef-lieu : **Gap** : 8,930 habit. — Sous-préfectures : *Briançon*, près de la source de la Durance ; *Embrun*, sur un rocher que baigne la Durance.

Département des Basses-Alpes. — Chef-lieu : **Digne**, sur la Bléone, commerce de fruits secs : 6,877 habit. — Sous-préfectures : *Barcelonnette ; Castellane*, sur le Verdon ; *Forcalquier ; Sisteron*, sur la Durance.

Département de Vaucluse. — Chef-lieu : **Avignon**, sur le Rhône, ville industrieuse, fabriques d'étoffes de soie, ancien château des papes : 38,200 habit. — Sous-préfectures : *Orange*, antiquités romaines ; *Carpentras*, au pied du mont Ventoux.

Bassin côtier de l'Hérault.

85. Le bassin côtier de l'Hérault, situé au sud-ouest du bassin du Rhône, verse ses eaux dans la Méditerranée et comprend le département de l'Hérault.

départements qu'ils renferment. — 85. Quel département le bassin côtier de l'Hérault comprend-il ? Quel est le chef-

Département de l'Hérault. — Chef-lieu : **Mont-**pellier, ville importante par son commerce, surtout en vins : **57,730** habit. — Sous-préfectures : *Lodève*, fabriques de draps ; *Béziers*, près du canal du Midi, ville commerçante en eaux-de-vie ; *Saint-Pons.*—*Cette*, port important sur la Méditerranée ; *Agde*, port maritime sur l'Hérault ; *Lunel* et *Frontignan*, renommés pour leurs vins muscats.

Bassin côtier de l'Aude.

86. Le bassin côtier de l'Aude, situé au sud-ouest du bassin du Rhône, verse ses eaux dans la Méditerranée et comprend le département de l'Aude.

Département de l'Aude. — Chef-lieu : **Carcassonne**, sur l'Aude et près du canal du Midi, fabriques de draps : **23,640** habit. — Sous-préfectures : *Narbonne*, ville très-ancienne, commerce de miel ; *Limoux*, sur l'Aude ; *Castelnaudary*, sur le canal du Midi.

Bassin côtier du Tet.

87. Le bassin côtier du Tet, situé au sud-ouest du bassin du Rhône, verse ses eaux dans la Méditerranée et comprend le département des Pyrénées-Orientales.

Département des Pyrénées-Orientales. — Chef-

lieu et quelles sont les villes principales du département de l'Hérault ? — 86, 87, 88 et 89. Mêmes questions pour les

lieu : **Perpignan**, sur le Tet, à 11 kil. de la Méditerranée, commerce de vins et de laines : 27,380 habit. — Sous-préfectures : *Céret*, près du Tech ; *Prades*, sur le Tet. — *Collioure* et *Port-Vendres*, ports sur la Méditerranée.

Bassin côtier de l'Argens.

88. Le bassin côtier de l'Argens, situé à l'extrémité sud-est de la France, verse ses eaux dans la Méditerranée et comprend le département du Var.

Département du Var. — Chef-lieu : **Draguignan**, fabriques de produits chimiques : 9,820 habit. — Sous-préfectures : *Toulon*, port militaire sur la Méditerranée ; *Brignoles*, commerce de fruits secs. — *Fréjus*, évêché ; *Saint-Tropez*, port de mer ; *Hyères*, connu pour la douceur de son climat. — Les îles d'*Hyères* font partie de ce département.

Bassin côtier du Var.

89. Le bassin côtier du Var, situé à l'extrémité sud-est de la France, verse ses eaux dans la Méditerranée et comprend le département des Alpes-Maritimes.

Département des Alpes-Maritimes[1]. — Chef-lieu :

bassins de l'Aude, du Tet, de l'Argens et du Var et pour les

1. La principauté de Monaco, enclavée dans le département des Alpes-Maritimes, est placée sous la protection de la France et a pour capitale *Monaco*.

Nice, port sur la Méditerranée, commerce de fruits et d'huile d'olives ; ville renommée pour la beauté de son climat : 52,380 habit. — Sous-préfectures : *Grasse*, commerce de parfumeries ; *Le Puget-Théniers*, sur le Var. — *Cannes*, port sur la Méditerranée, renommée pour son climat ; *Menton*, petit port près de la frontière d'Italie. — Les îles de *Lérins* (*Sainte-Marguerite* et *Saint-Honorat*) font partie de ce département.

Ile de Corse.

90. Département de la Corse. — L'île de Corse est située dans la Méditerranée, à 150 kil. du continent ; sa superficie est de 874,740 hectares ; sa population, de 358,507 habitants. — Chef-lieu : **Ajaccio**, port de mer à l'ouest, patrie de Napoléon Ier : 16,540 habit. — Sous-préfectures ; *Bastia*, port de mer, au nord-est ; *Corte*, au centre de l'île ; *Calvi*, port de mer sur la côte nord-ouest ; *Sartène*, au sud. — *Porto-Vecchio*, beau port sur la côte sud-est ; *Bonifacio*, port sur le détroit du même nom, en face de l'île de Sardaigne.

départements qu'ils renferment. — 90. Où est située l'île de Corse? Quels sont le chef-lieu et les villes principales de ce département?

CHAPITRE IX.

Iles Britanniques (Grande-Bretagne et Irlande).

Superficie. 310,000 kilomètres carrés.
Population. 31,000,000 habitants.

91. Position. L'archipel des îles Britanniques, qui forme le royaume-uni de Grande-Bretagne et Irlande, est situé dans l'océan Atlantique, au nord-ouest de l'Europe.

92. Limites. Au N., l'océan Atlantique; — à l'E., la mer du Nord; — au S., la Manche et le Pas-de-Calais; — à l'O., l'océan Atlantique.

93. Mers et Golfes. La mer d'*Irlande*, entre la Grande-Bretagne et l'Irlande; — le canal du *Nord* et celui de *Saint-Georges*, dans la mer d'Irlande; — les golfes de la *Clyde* et de *Solway*, à l'E., les baies de *Belfast* et de *Dublin*, à l'O., dans la même mer; — les golfes de *Murray* et du *Forth*, dans la mer du Nord; — le canal de *Bristol*, dans l'océan Atlantique; — la baie de *Galway*, dans le même océan.

94. Divisions. Le *Royaume-Uni*, appelé aussi *royaume d'Angleterre* ou de *Grande-Bretagne*,

QUESTIONS. — 91. Quelle est la position des îles Britanniques? leur superficie? leur population? — 92. Quelles sont leurs limites? — 93. Indiquez les mers et les golfes. — 94. Com-

se compose de deux îles principales, la *Grande-Bretagne* et l'*Irlande*, et de plusieurs petites. îles dépendantes de l'archipel Britannique. La Grande-Bretagne, l'île la plus considérable, comprend : 1° l'*Angleterre*, au sud et à l'est, avec la *principauté de Galles*, à l'ouest; 2° l'*Écosse*, au nord. — Ce royaume a d'importantes possessions dans toutes les parties du monde.

La population, dont la grande majorité professe le christianisme du rit anglican, appartient aux familles germanique, latine et celtique; on compte en Irlande et en Angleterre plus de deux millions de catholiques. L'anglais est la langue parlée. Le gouvernement est une monarchie constitutionnelle.

95. Iles. Les îles les plus importantes qui dépendent de l'archipel Britannique sont : les *Orcades* et les *Shetland,* au nord ; les *Hébrides,* au nord-ouest, dans l'océan Atlantique ; — les îles d'*Anglescy* et de *Man,* dans la mer d'Irlande ; — les *Sorlingues,* au sud; l'île *Wight,* au sud-est, dans la Manche.

96. Montagnes. Les monts *Cheviots* séparent l'Angleterre de l'Écosse ; — les monts *Grampians* parcourent l'Écosse.

97. Fleuves. La *Tamise,* l'*Humber* et la *Tweed* se jettent dans la mer du Nord; — la *Severn* se jette

ment se divise le Royaume-Uni? Indiquez la race des habitants, la religion, la langue parlée, le gouvernement. — —95. Nommez les îles qui dépendent de l'archipel Britannique. — 96. Quelles sont les principales montagnes ? — 97. les

dans le canal de Bristol (océan Atlantique); —
la *Mersey*, dans la mer d'Irlande; — la *Clyde*,
dans le golfe du même nom (mer d'Irlande); —
le *Shannon*, qui arrose l'Irlande, se rend dans
l'océan Atlantique.

98. Productions. Le sol de l'Angleterre est très-
fertile; il est propre à la culture des céréales et
des pommes de terre, à la nourriture des bestiaux, et présente la plus riche verdure. En
Écosse, la partie montagneuse, située au nord,
est généralement inculte; la partie basse, située
au sud, produit des céréales, des pommes de
terre et des fruits. L'Irlande, dont le sol est en
général fertile, a quelques terrains incultes ou
marécageux. L'Angleterre possède d'importantes
mines de houille, de fer, d'étain, de plomb et de
cuivre. C'est une des contrées du monde les plus
importantes par son industrie et son commerce.

99. Villes principales. Angleterre : Londres,
au S. E., capitale de l'Angleterre et du Royaume-
Uni, port maritime important sur la Tamise, à
40 kilom. de la mer du Nord, la ville la plus
grande et la plus riche de l'Europe : 3,250,000
habit. — Au centre, *Birmingham*, grande fabrication de quincaillerie : 340,000 habit. — A l'O.,
Liverpool, beau port très-commerçant, à l'embouchure de la Mersey dans la mer d'Irlande,

principaux fleuves?—98. Quelles sont les productions principales de l'Angleterre? L'industrie et le commerce y sont-ils
importants? — 99. Quelle est la capitale de l'Angleterre?
Quelle est sa population? Quelles sont les autres villes

station de paquebots pour l'Amérique du Nord et l'Orient : 490,000 habit. ; *Manchester*, importantes manufactures de coton : 480,000 habit. — Au S. O., *Bristol*, port commerçant près du canal du même nom. — Au S., *Oxford*, célèbre université ; *Southampton*, important port de commerce sur la Manche, station de paquebots pour l'Amérique du Sud et l'Orient ; *Plymouth*, port militaire, sur la même mer. — Au S. E., *Douvres*, port sur le pas de Calais, relations fréquentes avec la France. — A l'E., *Leeds*, importantes manufactures de laines : 240,000 habit. ; *Sheffield*, ville industrielle, coutellerie renommée : 230,000 habit. ; *Sunderland*, port sur la mer du Nord, entrepôt de houille. — Au N. E., *Newcastle*, port maritime sur la Tyne, près de la mer du Nord, commerce de houille.

Principauté de Galles : *Swansea*, au S., port très-commerçant sur le canal de Bristol, grand entrepôt de métaux : 50,000 habit. ; *Cardiff*, port sur le même canal, exportation de houille et de fer.

Écosse : **Édimbourg**, au S. E., capitale de l'Écosse, grande et belle ville : 180,000 habit. ; *Leith*, port d'Édimbourg près de la mer du Nord, grand commerce maritime. — A l'E., *Aberdeen*, port sur la mer du Nord. — Au S. O., *Glasgow*, port maritime sur la Clyde, près du golfe du même nom, la ville la plus considérable de l'Écosse : 480,000 habit.

importantes de l'Angleterre ? Nommez les villes principales de la principauté de Galles, celles de l'Écosse, celles de

Irlande : **Dublin**, à l'E., capitale de l'Irlande, port sur la baie du même nom : 290,000 hab. — Au N. E., *Belfast*, port sur la baie du même nom, manufactures importantes.—A l'O., *Galway*, port sur la baie du même nom; *Limerick*, port marchand sur le Shannon. — Au S., *Cork*, port maritime sur la Lee, près du canal Saint-Georges.

100. Possessions coloniales. L'Angleterre possède en Europe : l'île *Helgoland*, dans la mer du Nord, près de la côte d'Allemagne; les îles *Guernesey* et *Jersey*, dans la Manche, près de la côte de France; la citadelle de *Gibraltar*, sur le détroit de ce nom, en Espagne; l'île de *Malte*, dans la Méditerranée, près de la côte de la Sicile; — en Asie : la plus grande partie de l'*Hindoustan* et plusieurs territoires de l'*Indo-Chine;* l'île *Hong-Kong*, près de la côte de la Chine; le port d'*Aden*, en Arabie, à l'entrée de la mer Rouge; — en Afrique : des établissements dans la *Sénégambie* et dans la *Guinée*, l'île *Sainte-Hélène*, la colonie du *Cap*, la Terre de *Natal*, la *Cafrerie anglaise*, l'île *Maurice*, les îles *Seychelles;* — en Amérique : la *Nouvelle-Bretagne*, la *Jamaïque*, les *Lucayes*, une partie des *Petites Antilles*, la *Guyane anglaise*, les îles *Falkland;* — dans l'Océanie : l'*Australie*, la *Tasmanie*, la *Nouvelle-Zélande* et l'île *Labouan*, près la côte de Bornéo. — La population de ces diverses colonies est estimée à plus de 200,000,000 d'habitants.

l'Irlande.— 100. Quelles sont les possessions coloniales les plus importantes de l'Angleterre?

CHAPITRE X.

Pays-Bas ou Hollande.

Superficie. 34,000 kilomètres carrés.
Population. 3,600,000 habitants.

101. Position. Le royaume des Pays-Bas, nommé aussi Hollande et Néerlande, est situé au nord-ouest de l'Europe, le long de la mer du Nord.

102. Limites. Au N. et à l'O., la mer du Nord ; — au S., la Belgique ; — à l'E., l'Allemagne.

103. Divisions. Ce pays se divise en onze provinces, dont les principales sont celles de *Hollande*, de *Frise* et de *Zélande* ; il comprend de plus le *grand-duché de Luxembourg*, séparé du reste du royaume par la Belgique. — Il possède d'importantes colonies.

La population est de famille saxonne ou germanique. Le protestantisme est la religion dominante ; mais on compte plus d'un million de catholiques. La langue parlée est le hollandais. Le gouvernement est une monarchie constitutionnelle.

104. Golfes et Fleuves. Le *Zuiderzée*, ancien lac réuni à la mer du Nord par une inondation,

QUESTIONS. — 101. Quelle est la position des Pays-Bas ? leur superficie ? leur population ? — 102. Dites leurs limites. — 103. Comment se divisent-ils ? Indiquez la race des habitants, la langue, la religion, le gouvernement. —

forme un vaste golfe situé entre les provinces de Hollande et de Frise. — Trois fleuves importants arrosent les Pays-Bas et y ont leur embouchure : le *Rhin*, qui vient de l'Allemagne; la *Meuse* et l'*Escaut*, qui viennent de la Belgique.

105. Productions. Le sol des Pays-Bas, en général peu fertile, mais habilement cultivé, produit du blé, du tabac, du lin, des pommes de terre. Les pâturages y sont excellents et nourrissent une grande quantité de bœufs, de vaches laitières, de moutons, de chevaux. Les fleurs y sont l'objet d'une culture toute spéciale.

106. Villes principales. La Haye, à l'O., près de la mer du Nord, capitale : 90,000 habit. — Au centre, *Amsterdam*, port près du Zuiderzée, la ville la plus importante de la Hollande, et l'une des plus belles et des plus commerçantes de l'Europe : 264,000 habit.; *Harlem*, commerce de fleurs très-considérable; *Utrecht*, sur le Rhin, fabriques de velours. — A l'O., *Rotterdam*, port sur la Meuse, ville très-commerçante : 116,000 habit.; *Flessingue*, port militaire sur l'Escaut, dans l'île de Walcheren. — Au S., *Maëstricht*, sur la Meuse; *Luxembourg*, près de la frontière de l'Alsace-Lorraine.

107. Possessions coloniales. Les Hollandais ont des colonies fort importantes qui sont pour eux

104. Nommez les principaux golfes et fleuves. — 105. Quelles sont les productions des Pays-Bas? — 106. Quelles en sont les villes importantes? — 107. Les Hollandais ont-ils des possessions hors de l'Europe?

l'objet d'un grand commerce maritime : 1° en Amérique, la *Guyane hollandaise, Curaçao* et plusieurs autres îles des Antilles ; 2° dans l'Océanie, l'île *Java,* une grande partie des îles *Sumatra, Bornéo* et *Célèbes,* et l'archipel des îles *Moluques* : ces possessions forment un gouvernement dit des Indes orientales ou néerlandaises, dont *Batavia,* située dans l'île Java, est la capitale.

Belgique.

Superficie. 29,000 kilomètres carrés.
Population. 5,000,000 d'habitants.

108. Position. Le royaume de Belgique est situé au nord-ouest de l'Europe, dans les bassins supérieurs de la Meuse et de l'Escaut.

109. Limites. Au N., les Pays-Bas ; — à l'E., l'Allemagne ; — au S., la France ; — à l'O., la mer du Nord.

110. Divisions. La Belgique se divise en neuf provinces, dont cinq sont comprises dans le bassin de l'Escaut et quatre dans le bassin de la Meuse ; les plus importantes sont la *Flandre,* le *Brabant,* le *Hainaut* et le *pays liégeois.* — Ce royaume n'a pas de possessions coloniales.

La population, qui professe la religion catholique, appartient à la famille latine, de race fla-

108. Quelle est la position de la Belgique ? sa superficie ? sa population ? — 109. Quelles sont ses limites ? — 110. Combien de provinces comprend-elle ? Indiquez la race des ha-

mande ou wallonne. Le français est la langue officielle ; le flamand est parlé dans les provinces du nord. Le gouvernement est une monarchie constitutionnelle.

111. Fleuves. Deux fleuves principaux arrosent la Belgique : la *Meuse*, qui vient de la France et entre en Hollande, après avoir reçu la *Sambre* et l'*Ourthe* ; — l'*Escaut*, qui a aussi sa source en France, et qui, après avoir reçu la *Lys* et le *Rupel*, se rend également en Hollande.

112. Productions. Le sol de la Belgique, fertile et bien cultivé, produit des céréales, du lin, du houblon, du colza et du tabac. Le gros bétail abonde dans d'excellents pâturages. On y trouve de riches mines de houille et de zinc.

113. Villes principales. Bruxelles, au centre, capitale, sur la Senne, grande et belle ville, industrie très-active et commerce considérable, dentelles renommées : 314,000 habit., avec les faubourgs. — Au centre, *Malines*, fabriques de dentelles; *Louvain*, établissements littéraires. — Au N., *Anvers*, vaste port maritime sur l'Escaut, grand centre de commerce : 126,000 habit. — À l'E., *Liége*, au confluent de l'Ourthe et de la Meuse, commerce très-important, fabriques d'armes, forges nombreuses : 106,000 habit. --

bitants, la religion, les langues parlées. — 111. Quels sont les fleuves de la Belgique? — 112. Quelles sont ses productions? — 113. Quelle est la capitale de la Belgique? Nommez les autres villes importantes.

Au S., *Namur*, au confluent de la Meuse et de la Sambre, fabriques d'armes et de coutellerie; *Mons*, grande exploitation de mines de houille. — A l'O., *Tournay*, sur l'Escaut, fabriques de tapis renommés; *Gand*, au confluent de la Lys et de l'Escaut, ville très-commerçante : **120,000** habit.; *Bruges*, sur un canal qui réunit Gand à Ostende; *Ostende*, port sur la mer du Nord.

CHAPITRE XI.

Empire d'Allemagne.

Superficie. 540,000 kilomètres carrés.
Population. 41,000,000 d'habitants.

114. Position. L'empire d'Allemagne, désigné aussi sous le nom de Deutschland, occupe une grande partie de l'Europe centrale, à l'ouest.

115. Limites. Au N., le Danemark et la mer Baltique; — à l'E., la Russie; — au S., l'Autriche-Hongrie et la Suisse; — à l'O., la France, la Belgique, les Pays-Bas et la mer du Nord.

116. Divisions. L'empire d'Allemagne, formé à la suite des événements de 1871, se compose de vingt-six États, dont les principaux sont : les royaumes de Prusse, de Bavière, de Saxe et

QUESTIONS. — 114. Où est situé l'empire d'Allemagne ? Quelle est sa superficie? sa population ? — 115. Quelles sont ses limites ? — 116. Quels sont les plus importants

ALLEMAGNE. 77

de Wurtemberg; les grands-duchés de Bade,
de Hesse-Darmstadt, de Mecklembourg-Schwerin,
de Mecklembourg-Strélitz, de Saxe-Weimar-Eisenach et d'Oldenbourg, et plusieurs autres États
secondaires, duchés, principautés et villes libres [1].
Le roi de Prusse, dont l'État est le plus important, porte le titre d'empereur d'Allemagne et
est le chef suprême de l'Empire.

L'allemand est la langue officielle. La population, protestante pour les deux tiers, catholique
pour un tiers, appartient aux familles germanique
et slave. La forme monarchique constitutionnelle
est le gouvernement des divers États de l'Empire.

117. Montagnes. Les monts du *Hartz*, dans le
duché de Brunswick; — les montagnes de *Thuringe*, dans la Saxe; — les montagnes de la *Forêt-Noire*, dans le grand-duché de Bade; — les
Alpes de Souabe, dans le Wurtemberg.

118. Fleuves. L'*Elbe*, le *Weser*, l'*Ems* et le
Rhin se jettent dans la mer du Nord; — l'*Oder*,
la *Vistule* et la *Prégel* se jettent dans la mer Baltique; — le *Danube* se rend dans la mer Noire.

119. Lacs. Le lac de *Schwerin*, dans le Mecklembourg; — le lac de *Chiem*, en Bavière; — le lac
de *Constance*, entre l'Allemagne et la Suisse.

des États qui le composent? Indiquez la langue, la religion,
la race, la forme du gouvernement. — 117. Nommez les principales montagnes; — 118. les principaux

1. *L'Alsace-Lorraine*, enlevée à la France par les traités de
1871, n'a pas été incorporée à la Prusse : elle est une dépendance directe de la couronne impériale, comme pays d'empire.

120. Productions. Le sol de l'Allemagne produit toutes les espèces de céréales, des fruits, des
vins très-estimés, du lin, du chanvre, du houblon, du tabac. On y trouve des mines de fer, de
plomb, de zinc, d'étain, d'argent, de mercure,
de houille et de sel gemme.

121. Grandes villes. — **Berlin**, capitale de la
Prusse : 830,000 habit. ; — *Francfort-sur-le-
Mein*, ville commerçante; — *Cologne*, sur le
Rhin; — *Munich*, capitale de la Bavière; —
D esde, capitale de la Saxe; — *Stuttgart*, capi-
tale du Wurtemberg; — *Hambourg*, port mari-
time sur l'Elbe, près de la mer du Nord : 240,000
habit.

Royaume de Prusse.

122. Notions générales. Les limites de la
Prusse sont : au N. , la mer du Nord, le Danemark et la mer Baltique; à l'E., la Russie; au S.,
l'Autriche-Hongrie, la Saxe royale, la Bavière et
le grand-duché de Hesse-Darmstadt; à l'O., l'Alsace-Lorraine, la Belgique et les Pays-Bas. — La
superficie de la Prusse est de 350,000 kilom.
carrés, et sa population de 24,500,000 habit.

Dans le nord , le sol est ingrat et couvert de
landes sablonneuses et de marais; dans le sud,
il est fertile et riche en pâturages. Les productions

fleuves ; — 119. les lacs importants. — 120. Quelles sont
les principales productions ? — 121. Quelles sont les plus
grandes villes de l'empire allemand ? — 122. Quelles sont
les limites de la Prusse ? sa superficie ? sa population ?

principales sont : les céréales, des vins estimés, le chanvre, le lin, le tabac, les bois, la houille, le fer, le zinc et le plomb.

123. Divisions. Le royaume de Prusse comprend onze provinces, qui sont : le *Sleswig-Holstein*, le *Hanovre*, le *Brandebourg*, la *Poméranie*, la *Prusse* propre, le grand-duché de *Posen*, la *Silésie prussienne*, la *Saxe prussienne*, la *Westphalie*, la *Hesse-Nassau* et la *Prusse rhénane*. — De ce royaume dépendent le duché de *Lauenbourg* et la principauté de *Hohenzollern*.

124. Villes principales. Berlin, au centre, sur la Sprée, capitale de la monarchie prussienne et de l'empire d'Allemagne, beaux établissements scientifiques : 830,000 habit. — Au N., *Stettin*, port maritime sur l'Oder, près de son embouchure dans la mer Baltique, chef-lieu de la Poméranie; *Stralsund*, port très-commerçant sur la mer Baltique; *Kiel*, port militaire sur la mer Baltique, chef-lieu du Holstein; *Altona*, port maritime sur l'Elbe, près de Hambourg; *Emden*, bon port sur la mer du Nord, très-commerçant. — Au centre, *Brandebourg*, ville très-ancienne, chef-lieu de la province de ce nom ; *Francfort-sur-l'Oder*, commerce très-important ; *Magdebourg*, sur l'Elbe, chef-lieu de la province de Saxe; *Hanovre*, chef-lieu du Hanovre ; *Cassel*, chef-lieu de la Hesse-Nassau. — A l'O., *Minden*,

Quelles sont ses productions? — 123. Comment se divise la Prusse? — 124. Quelle est la capitale de la Prusse ?

sur le Weser, fabriques de toile ; *Munster*, chef-lieu de la Westphalie, grand commerce de jambons estimés ; *Dusseldorf*, sur le Rhin ; *Cologne*, sur le Rhin ; *Aix-la-Chapelle*, eaux thermales. — A l'E., *Kœnigsberg*, sur la Prégel, près de son embouchure dans la mer Baltique, chef-lieu de la Prusse propre ; *Dantzick*, port maritime, sur un bras de la Vistule, près de son embouchure dans la mer Baltique : 90,000 habit ; *Posen*, chef-lieu du grand-duché de Posen, ville commerçante. — Au S. E., *Breslau*, sur l'Oder, chef-lieu de la Silésie : 208,000 habit. — Au S. O., *Francfort-sur-le-Mein*, industrie et commerce très-importants : 90,000 habit. ; *Trèves*, sur la Moselle, ville très-ancienne ; *Coblentz*, chef-lieu de la province du Rhin, au confluent du Rhin et de la Moselle.

États principaux de l'Empire allemand.

125. Royaume de Bavière. Le royaume de Bavière, dont la superficie est de 75,000 kilomètres carrés et la population de 4,800,000 habitants, a pour limites, au N., la Prusse et la Saxe royale ; à l'O., les grands-duchés de Hesse-Darmstadt et de Bade et le royaume de Wurtemberg ; au S. et à l'E., l'Autriche-Hongrie. Il se compose de deux parties distinctes : la *Bavière proprement dite* et la *Bavière rhénane,* ou le *Palatinat,* sur

Quelles sont les autres villes importantes ? — 125. Quelles sont la population, la superficie, et les limites du royaume de Bavière ? — 126. Nommez sa capitale. Dites

la rive gauche du Rhin. — Ce pays est fertile et l'industrie y est très-avancée.

Les principales villes sont : **Munich**, capitale, sur l'Isar, une des plus belles villes de l'Allemagne : 170,000 habit. ; *Augsbourg*, commerce important ; *Nuremberg*, industrie florissante ; *Ratisbonne*, sur le Danube ; *Spire*, près du Rhin.

126. Royaume de Saxe. Le royaume de Saxe, dont la superficie est de 15,000 kilomètres carrés et la population de 2,500,000 habitants, a pour limites, au N., la Prusse ; à l'E., la Prusse et l'Autriche-Hongrie ; au S., l'Autriche-Hongrie ; à l'O., la Bavière. — Ce pays est riche en minéraux, surtout en mines d'étain et d'argent. Ses toiles et ses porcelaines sont très-renommées.

Les villes principales sont : **Dresde**, sur l'Elbe, capitale, magnifiques établissements publics : 176,000 habit. ; *Leipsick*, commerce très-considérable de librairie ; *Chemnitz*, ville industrielle.

127. Royaume de Wurtemberg. Le royaume de Wurtemberg, dont la superficie est de 19,500 kilomètres carrés et la population de 1,800,000 habitants, a pour limites, au N. et à l'E., la Bavière ; au S., la Suisse ; à l'O., le grand-duché de Bade. — Les montagnes de la Forêt-Noire s'élèvent sur sa limite occidentale.

Les villes principales sont : **Stuttgart**, capitale, au milieu d'une belle campagne : 90,000 habit. ;

les villes principales et ce qu'elles offrent de plus remarquable. — 126, 127. Mêmes questions pour les royaumes

— *Ulm*, sur le Danube ; — *Friedrichshafen*, port sur le lac de Constance.

128. Grand-duché de Bade. Le grand-duché de Bade est situé le long de la rive droite du Rhin, qui le sépare de la Suisse, de l'Alsace-Lorraine et de la Bavière rhénane. — Les villes principales sont : *Carlsruhe*, capitale, belle ville moderne ; *Bade*, célèbre séjour d'eaux minérales ; *Kehl*, sur le Rhin ; *Constance*, sur le lac de ce nom.

129. Grand-duché de Hesse-Darmstadt. Le grand-duché de Hesse-Darmstadt est situé au nord du grand-duché de Bade. — Les villes principales sont : *Darmstadt*, capitale ; *Mayence*, sur le Rhin ; *Worms*, ville très-ancienne.

130. Grands-duchés de Mecklembourg. Les grands-duchés de Mecklembourg-Schwerin et de Mecklembourg-Strélitz sont situés sur les bords de la mer Baltique. — Les villes principales sont : *Schwerin*, capitale, sur le lac de ce nom, grand commerce de chevaux ; *Rostock*, port maritime, ville commerçante ; *Wismar*, port maritime ; *Neu-Strélitz*, capitale.

131. Grand-duché d'Oldenbourg. Le grand-duché d'Oldenbourg est situé sur les côtes de la mer du Nord. — Les villes principales sont : *Oldenbourg*, capitale ; *Varel*, port sur la mer du Nord.

de Saxe et de Wurtemberg. — 128 à 132. Mêmes questions pour les grands-duchés de Bade, de Hesse-Darmstadt, de

132. Grand-duché de Saxe-Weimar-Eisenach. Le grand-duché de Saxe-Weimar-Eisenach est situé au sud de la Prusse, dans la Thuringe. — Les villes principales sont : *Weimar,* capitale, établissements scientifiques et littéraires ; *Eisenach,* ville industrielle.

États secondaires de l'Empire allemand.

133. Duchés. Les duchés les plus importants sont : *Anhalt :* capitale, *Dessau ; Brunswick :* capitale, *Brunswick ; Saxe-Altenbourg :* capitale, *Altenbourg ; Saxe-Cobourg-Gotha :* capitales, *Cobourg* et *Gotha ; Saxe-Meiningen :* capitale, *Meiningen.* — Ces divers duchés sont enclavés dans la Prusse ou situés entre la Prusse et la Bavière.

134. Villes libres. *Hambourg ,* port maritime sur l'Elbe, près de la mer du Nord, grand centre de commerce : 340,000 habit. — *Brême,* port commerçant sur le Weser, près de la mer du Nord : 122,000 habit. — *Lubeck ,* port de commerce sur la Trave, près de la mer Baltique : 52,000 hab.

135. Pays d'empire. La province d'Alsace-Lorraine, au sud-ouest, cédée par la France en **1871,** est un pays d'empire. — Les villes principales sont : *Strasbourg,* chef-lieu, près du Rhin ; *Metz,* sur la Moselle ; *Mulhouse,* ville industrielle.

Mecklembourg, d'Oldenbourg, de Saxe-Weimar-Eisenach. — 133. Quels sont les autres duchés moins importants et leurs capitales ? — 134. Quelles sont les villes libres ? Quelle en est l'importance ? — 135. Qu'est-ce que la province d'Alsace-Lorraine ? Quelles en sont les principales villes ?

CHAPITRE XII.

Autriche-Hongrie.

Superficie. 625,000 kilomètres carrés.
Population. 35,800,000 habitants.

136. Position. L'empire d'Autriche-Hongrie occupe une partie de l'Europe centrale, à l'est, et s'étend au sud jusqu'à la mer Adriatique.

137. Limites. Au N., la Saxe royale, la Prusse et la Russie; — à l'E., la Russie et la Turquie; — au S., la Turquie, la mer Adriatique et l'Italie; — à l'O., l'Italie, la Suisse et la Bavière.

138. Divisions. La monarchie austro-hongroise se compose de deux parties principales : l'*Autriche* et la *Hongrie*. Elle est subdivisée en dix-huit provinces, dont les plus importantes sont : l'*Autriche*, la *Bohême*, la *Moravie*, la *Galicie*, le *Tyrol*, la *Dalmatie*, la *Hongrie*, la *Transylvanie* et la *Croatie*. — Cet État n'a pas de colonies.

La population, dont la grande majorité est catholique, appartient aux familles allemande, hongroise et slave. L'allemand est la langue officielle, mais chaque peuple a sa langue particu-

QUESTIONS. — 136. Quelle est la position de l'Autriche-Hongrie? sa superficie? sa population? — 137. Quelles sont ses limites? — 138. Quels sont les pays que comprend l'Au-

lière. Le gouvernement est une monarchie constitutionnelle.

139. Iles. Les îles *Illyriennes* sont répandues
dans la mer Adriatique, le long des côtes de la
Dalmatie ; les plus importantes sont : *Lissa* et
Veglia.

140. Montagnes. Les *Alpes* parcourent le Tyrol,
la Styrie, la Carinthie et l'Autriche ; — les
monts *Sudètes* couvrent la Silésie ; — les monts
Carpathes ou *Krapacks* traversent la Hongrie et
la Transylvanie.

141. Fleuves. Le *Danube* et le *Dniester* se jettent
dans la mer Noire ; — la *Vistule* et l'*Oder* se
rendent dans la mer Baltique ; — l'*Elbe* se jette
dans la mer du Nord ; — l'*Adige* se rend dans la
mer Adriatique.

142. Productions. Le sol de l'Autriche-Hongrie est généralement d'une fertilité remarquable.
Il produit du blé, du maïs, du riz, des vins, du
houblon, du safran, du tabac, du chanvre et du
lin. Les richesses minérales sont le fer, le cuivre,
l'argent, le mercure, le soufre, la houille et le
sel. L'industrie y est très-développée.

143. Villes principales. Autriche : Vienne, au
centre, sur le Danube, capitale de la Basse-Autri-

triche-Hongrie? Dites la race, la religion, la langue, le gouvernement. — 139. Quelles sont ses îles? — 140. Quelles
montagnes y trouve-t-on ? — 141. Quels sont les principaux
fleuves? — 142. Quelles sont les productions ? — 143.

che et de tout l'empire, une des villes les plus remarquables de l'Europe : 834,000 habit.; *Lintz,* sur le Danube, chef-lieu de la Haute-Autriche. — A l'O. : *Inspruck,* chef-lieu du Tyrol; *Idria,* riches mines de mercure; *Salzbourg,* chef-lieu de la province de ce nom, salines importantes; *Brünn,* chef-lieu de la Moravie, manufactures de laine. — Au N. : *Prague,* chef-lieu de la Bohême, beaux établissements, commerce très-actif; *Troppau,* chef-lieu de la Silésie; *Cracovie,* sur la Vistule; *Lemberg,* chef-lieu de la Galicie. — Au S. : *Grœtz,* chef-lieu de la Styrie; *Trente,* sur l'Adige; *Laybach,* chef-lieu de la Carniole; *Trieste,* port du littoral autrichien sur la mer Adriatique, commerce très-étendu; *Zara,* chef-lieu de la Dalmatie, port sur la mer Adriatique.

Hongrie : *Pesth,* au centre, capitale de la Hongrie, sur la rive gauche du Danube : 200,000 habit.; *Bude* ou *Ofen,* sur la rive opposée du Danube. — A l'E. : *Klausenbourg,* chef-lieu de la Transylvanie. — Au S. : *Peterwardein,* sur le Danube, chef-lieu des Confins militaires; *Semlin,* sur le même fleuve; *Agram,* chef-lieu de la Croatie; *Fiume,* port du littoral hongrois sur la mer Adriatique.

Quelle est la capitale de l'empire? Quelles sont les principales villes? Dites ce qu'elles offrent de remarquable.

Suisse.

Superficie. 42,000 kilomètres carrés.
Population. 2,600,000 habitants.

144. Position. La Suisse ou Helvétie est située dans la partie centrale de l'Europe, à l'est de la France.

145. Limites. Au N., l'Allemagne; — à l'E., l'Autriche-Hongrie, — au S., l'Italie; — à l'O., la France.

146. Divisions. La confédération suisse se divise en vingt-deux cantons, indépendants les uns des autres, mais formant une confédération pour leur défense commune.

La population, qui appartient partie au protestantisme et partie au catholicisme, est de familles française, germanique et italienne, dont les trois langues sont parlées.

147. Montagnes. La Suisse forme un plateau élevé ; elle est sillonnée par plusieurs branches de la chaîne des *Alpes*, dont les sommets les plus élevés sont : le mont *Rose*, la *Jungfrau*, le *Saint-Gothard*, le *Simplon*, le *Saint-Bernard*.

144. Quelle est la position de la Suisse ? sa superficie ? sa population ? — 145. Quelles sont ses limites ? — 146. Comment se divise la Suisse? Dites le gouvernement, les races, les langues, la religion. — 147. Nommez les

148. Fleuves. La Suisse est arrosée par deux grands fleuves, le *Rhin* et le *Rhône*, qui y prennent leur source. — *L'Aar* est un affluent du Rhin, et le *Tessin*, un affluent du Pô.

149. Lacs. La Suisse renferme plusieurs beaux lacs, dont les plus importants sont : les lacs *Léman* ou de *Genève*, de *Neuchâtel*, de *Lucerne* ou des **Quatre-Cantons,** de *Zurich* et de *Constance*.

150. Productions. La Suisse produit peu de grains, mais elle possède d'excellents pâturages. L'élève des bestiaux s'y fait avec succès. Les autres productions principales sont les vins, les bois, le chanvre, le lin. On y rencontre du fer, du plomb, du marbre et de l'albâtre. L'horlogerie, les dentelles et les bois sculptés sont parmi les premières industries du pays.

151. Villes principales. Berne, à l'O., capitale de la Confédération, sur l'Aar, belle ville très-commerçante : 36,000 habit.; — Au centre, *Lucerne,* sur le lac des Quatre-Cantons; *Altorf,* sur le même lac, patrie de Guillaume Tell. — Au N., *Bâle,* sur le Rhin, fabriques de soie, papeteries; *Schaffhouse,* sur le Rhin; *Zurich,* sur le lac du même nom. — A l'E., *Saint-Gall,* près du lac de Constance; *Coire,* sur le Rhin. — Au S., *Sion,* sur le Rhône; *Vevey,* sur le lac de

montagnes ; — 148. les fleuves; — 149. les lacs. — 150. Dites les productions de la Suisse. — 151. Quelle est la capitale de la Confédération? Quelles sont les villes principales?

Genève ; *Lausanne*, admirablement située près
du lac de Genève ; *Genève*, sur le lac du même
nom et sur le Rhône, la ville la plus importante de
la Suisse pour les sciences, l'industrie et le commerce : 46,000 habit.; — A l'O., *Fribourg*,
belle cathédrale; *Neuchâtel*, sur le lac du même
nom ; importants établissements littéraires ; *So-
leure*, sur l'Aar.

CHAPITRE XIII.

Portugal.

Superficie. 94,000 kilomètres carrés.
Population. 4,400,000 habitants.

152. Position. Le Portugal occupe la partie la
plus occidentale de l'Europe méridionale, sur
l'océan Atlantique.

153. Limites. Au N. et à l'E., l'Espagne ; —
au S. et à l'O., l'océan Atlantique.

154. Divisions. Le royaume de Portugal est
divisé en six provinces, dont les principales
sont : l'*Estrémadure* et l'*Algarve*. — Il possède
des colonies assez importantes.

La population, qui professe la religion catholique, appartient à la famille celtibérienne. Le

QUESTIONS. — 152. Quelle est la position du Portugal ?
sa superficie ? sa population ? — 153. Quelles sont ses limites ?
— 154. Comment se divise-t-il ? Dites la race, la langue

portugais est la langue parlée. Le gouvernement est une monarchie constitutionnelle.

155. Iles. Les îles *Açores* et les îles *Madère* sont situées dans l'océan Atlantique à l'O., et au S.; elles dépendent de l'Afrique, mais sont rattachées administrativement à l'Europe.

156. Montagnes. Les montagnes qui couvrent l'intérieur du Portugal sont la prolongation des sierras ou chaînes de montagnes espagnoles.

157. Fleuves. Le *Minho*, le *Douro*, le *Tage* et la *Guadiana* viennent tous de l'Espagne et se rendent dans l'océan Atlantique.

158. Productions. Le sol du Portugal produit du maïs, du riz, des vins estimés, des olives, des oranges, des citrons. Les productions minérales sont le cuivre, le plomb, le fer et le sel. L'industrie est sans importance.

159. Villes principales. Lisbonne, à l'O., capitale, port sur le Tage, près de son embouchure, grande et belle ville très-commerçante : 225,000 habit.; — au N., *Braga*, ville ancienne ; — à l'O., *Porto* ou *Oporto*, port sur le Douro, près de son embouchure ; vins estimés ; *Coïmbre*, sur le Mondégo ; *Sétuval*, port maritime ; — au S., *Faro* et *Tavira*, ports de commerce. — A l'E., *Évora*, antiquités romaines. — *Angra*, chef-lieu des îles

parlée, la religion. — 155. Quelles îles s'y rattachent?— 156. Quelles sont les principales montagnes? — 157. Dites les principaux fleuves. — 158. Quelles sont les productions du Portugal ? — 159. Quelle est la capitale du Portugal ?

Açores. — *Funchal*, chef-lieu des îles Madère, vins renommés.

160. Possessions coloniales. Le Portugal a en Afrique : des établissements dans la *Sénégambie*, une partie du *Congo* et le *Mozambique* ; — en Asie : les villes de *Goa* et de *Diu*, dans l'Hindoustan, et l'île *Macao* en Chine ; — dans l'Océanie : l'île *Timor*.

Espagne.

Superficie. 498,000 kilomètres carrés.
Population. 16,500,000 habitants.

161. Position. L'Espagne est située dans la partie méridionale de l'Europe, au sud des Pyrénées, entre l'océan Atlantique et la mer Méditerranée.

162. Limites. Au N., l'océan Atlantique et les Pyrénées ; — à l'E., la Méditerranée ; — au S., la Méditerranée et le détroit de Gibraltar ; — à l'O., le Portugal et l'océan Atlantique.

163. Divisions. L'Espagne est partagée en treize gouvernements militaires qui formaient d'anciens royaumes ; les plus importants sont : la *Castille*, les *Asturies*, l'*Andalousie*, l'*Aragon* et la *Catalogne*. — Elle possède encore des colonies assez considérables.

Dites les autres villes importantes. — 160. Le Portugal a-t-il des possessions coloniales ?
161. Quelle est la position de l'Espagne ? sa superficie ? sa population ? — 162. Quelles sont ses limites ? — 163. Comment est-elle divisée ? Dites les races, la langue parlée

La population, qui appartient aux familles celtibérienne et gothique, professe la religion catholique. L'espagnol est la langue parlée. Ce pays
est en pleine révolution.

164. Iles. Les îles *Baléares* sont situées dans
la Méditerranée, au S. O. ; les principales sont :
Majorque et *Minorque* ; — les îles *Canaries*, dans
l'océan Atlantique, près de la côte d'Afrique.

165. Montagnes. D'importantes chaînes de
montagnes ou sierras bornent ou couvrent l'Espagne ; les monts *Pyrénées* séparent la France
de l'Espagne ; — les monts *Cantabriques* et
les monts *Ibériques* se prolongent du nord au
sud.

166. Fleuves. La *Bidassoa*, qui sépare sur un
point la France de l'Espagne ; le *Minho*, qui sépare le Portugal de l'Espagne ; le *Douro*, le *Tage*,
la *Guadiana* et le *Guadalquivir* se jettent dans
l'océan Atlantique ; — l'*Èbre*, le *Guadalaviar*, le
Xucar et la *Segura* se rendent dans la Méditerranée.

167. Productions. Le sol de l'Espagne est partout fertile, mais en général mal cultivé. Les
productions principales sont : les grains, les
olives, des fruits délicieux, des vins très-renom-
més, le riz, le tabac, le lin et le chanvre. La

la religion. — 164. Quelles îles en font partie ? — 165
Quelles sont les principales montagnes ? — 166. les principaux fleuves ? — 167. Dites les productions de l'Espagne. —

race et l'élève des moutons y sont remarquables.
Elle possède des mines importantes de fer, de
plomb, d'argent, de mercure, de houille et de
sel. La fabrication de ses vins renommés et la
fabrique des armes sont les principales industries du pays.

168. Villes principales. Madrid, au centre,
capitale de l'Espagne et chef-lieu de la Nou-
velle-Castille, grands et beaux édifices : 332,000
habit. ; *Tolède,* sur le Tage. — Au N., *Santiago* ou *Saint-Jacques-de-Compostelle,* chef-
lieu de la Galice ; *La Corogne,* port militaire
sur l'océan Atlantique ; *Bilbao,* chef-lieu de la
Biscaye, ville très-commerçante ; *Saint-Sébas-
tien,* port sur l'océan Atlantique, chef-lieu du
Guipuscoa, ville importante de commerce ; *Pam-
pelune,* chef-lieu de la Navarre ; *Saragosse,* sur
l'Èbre, chef-lieu de l'Aragon ; *Barcelone,* port
sur la Méditerranée, ville très-commerçante et
très-industrieuse, chef-lieu de la Catalogne. —
À l'E., *Valence,* sur le Guadalaviar, grande et
belle ville, chef-lieu du gouvernement de Valence ; *Alicante,* sur la Méditerranée, vins renommés ; *Carthagène,* port militaire sur la Méditerranée. — Au S., *Cordoue,* sur le Guadalquivir ; *Grenade,* au milieu d'une plaine d'une
admirable fertilité, chef-lieu de la province de
ce nom, beaux édifices ; *Malaga,* port sur la
Méditerranée, vins renommés ; *Xérès,* vins renommés ; *Cadix,* port militaire et de commerce

168. Quelle est la capitale de l'Espagne? Nommez les autres

sur l'océan Atlantique; *Séville*, sur le Guadalquivir, ville très-importante, chef-lieu de l'Andalousie. — A l'O., *Badajoz*, sur la Guadiana, chef-
lieu de l'Estrémadure. —*Palma*, chef-lieu de l'île
Majorque. — *Port-Mahon*, port important de
l'île Minorque.

La citadelle de *Gibraltar*, située sur le détroit
de ce nom qu'elle domine, appartient aux Anglais.

169. Possessions coloniales. L'Espagne possède
en Afrique : *Ceuta*, sur la côte du Maroc, les
îles *Fernando-Po* et *Annobon*, sur les côtes de
la Guinée; — en Amérique : les îles *Cuba* et
Porto-Rico; —dans l'Océanie : les îles *Philippines,
Carolines* et *Mariannes*.

CHAPITRE XIV.

Italie.

Superficie. 296,000 kilomètres carrés.
Population. 27,000,000 d'habitants.

170. Position. L'Italie, contrée de l'Europe méridionale, forme une grande péninsule.

171. Limites. Au N., la Suisse et l'Autriche-
Hongrie ; — à l'E., l'Autriche-Hongrie et la mer

villes importantes. — 169. L'Espagne a-t-elle des possessions coloniales?

QUESTIONS. —170 . Quelle est la position de l'Italie? sa
superficie? sa population?— 171. Quelles sont ses limites?

Adriatique ; — au S., la mer Ionienne; — à l'O., la France et la mer Tyrrhénienne.

172. Mers et Golfes. — La Méditerranée forme sur les côtes de l'Italie trois mers secondaires et plusieurs golfes importants : la mer *Tyrrhénienne,* à l'O.; la mer *Ionienne,* au S.; la mer *Adriatique,* à l'E. ; — les golfes de *Gênes,* de *Naples,* de *Salerne,* de *Tarente* et de *Venise.*

173. Divisions. Le royaume d'Italie, divisé en soixante-douze préfectures, comprend toute la contrée dont il porte le nom. Il s'est formé par la réunion successive des royaumes de Sardaigne et des Deux-Siciles, des duchés de Parme et de Modène, du grand-duché de Toscane, des provinces autrichiennes de Lombardie et de Vénétie et de tout le territoire des États de l'Église. A l'Italie se rattache la république de *Saint-Marin.* Ce royaume n'a pas de possessions coloniales.

La population, qui professe tout entière la religion catholique, est de famille latine. L'italien est la langue parlée. Le gouvernement est une monarchie constitutionnelle.

174. Iles. Dans la mer Méditerranée : la *Sardaigne* et la *Sicile,* comptées parmi les plus grandes îles de l'Europe; l'île d'*Elbe,* près de la côte de Toscane; les îles *Ischia* et *Capri,* dans le golfe de Naples; les îles *Lipari,* sur les

— 172. Indiquez les mers et les golfes. — 173. Comment l'Italie est-elle divisée? Indiquez le culte professé, la langue parlée, le gouvernement. — 174. Quelles sont les îles prin-

côtes de la Sicile. — Dans les eaux de l'Italie sont situées l'île de *Corse*, qui appartient à la France, et l'île de *Malte*, à l'Angleterre.

175. Montagnes. Les *Alpes* séparent l'Italie de la France et de la Suisse, et les sommets principaux sont : le mont *Viso*, le mont *Cenis*, le mont *Blanc*, le mont *Simplon* et le mont *Saint-Gothard*; — les *Apennins* traversent l'Italie du nord au sud, et les points principaux sont : le mont *Corno* et le mont *Vélino*.

176. Volcans. Le mont *Vésuve*, près de Naples; — le mont *Etna*, au nord-est de la Sicile.

177. Fleuves. L'*Adige*, qui descend des Alpes du Tyrol; le *Pô*, qui descend des Alpes maritimes et dont les principaux affluents sont le *Tésin*, le *Mincio* et la *Trébie*, se jettent dans la mer Adriatique; — l'*Arno*, le *Tibre* et le *Volturno*, qui descendent des Apennins, se jettent dans la mer Tyrrhénienne.

178. Lacs. Les lacs *Majeur*, de *Lugano*, de *Côme* et de *Garde*, au pied des Alpes; — les lacs de *Pérouse*, de *Bolsena* et *Fucino*, au pied des Apennins.

179. Productions. Le sol de l'Italie est remarquable par la richesse et la variété de sa végétation; il produit toutes sortes de grains, des vins renommés, des fruits excellents, des olives, du riz, du maïs, du coton, du safran et du tabac. Les orangers, les citronniers, les figuiers, les amandiers, y sont communément répandus. On y exploite des carrières de très-beaux marbres. Ses principaux produits minéraux sont le plomb et le soufre.

180. Villes principales. Rome, sur le Tibre, capitale du royaume d'Italie, ville remarquable par ses beaux monuments et ses chefs-d'œuvre d'art; résidence du pape, chef de l'Église catholique[1] : 244,000 habit. — Au N. : *Turin*, sur le Pô, beaux monuments : 210,000 habit.; *Milan*, grande et belle ville : 260,000 habit.; *Côme*, sur le lac du même nom; *Brescia*, ville commerçante. — A l'O. : *Gênes*, port au fond du golfe du même nom, formé par la Méditerranée, ville industrieuse et commerçante : 130,000 habit.; *Port-Maurice*, port sur la côte dite rivière de Gênes, grand commerce d'huile d'olives; *Parme*, belle ville; *Carrare*, exploitation de beaux marbres. — A l'E. : *Venise*, bâtie sur des lagunes formées par la mer Adriatique, port important, très-beaux monuments : 128,000 habit.; *Mantoue*, au milieu

l'Italie? — 180. Quelle en est la capitale? Nommez les autres villes importantes.

1. Le pape, dépossédé de ses États, n'a plus pour tout domaine que le palais du Vatican, où il réside. Le denier de Saint-Pierre, recueilli dans les États catholiques, subvient seul aux frais du Saint-Siége.

Petite Géographie.

d'un lac formé par le Mincio ; *Vérone,* sur l'A-
dige ; *Bologne,* ville commerçante : 116,000 habit. ; *Ravenne,* anciens monuments ; *Ancône,*
port sur la mer Adriatique, ville de commerce.
— Au centre : *Florence,* sur l'Arno, l'une des
plus belles villes de l'Italie : 168,000 habit. ;
Livourne, port sur la mer Tyrrhénienne, centre
d'un grand commerce : 98,000 habit. ; *Pise,* sur
l'Arno ; *Civita-Vecchia,* port de la ville de Rome
sur la mer Tyrrhénienne. — Au S., *Naples,*
au pied du Vésuve, grande et belle ville admirablement située au fond du golfe de Naples
(mer Tyrrhénienne), important port de commerce :
448,000 habit. ; *Salerne,* port sur le golfe de ce
nom (mer Tyrrhénienne) ; *Tarente,* port sur le
golfe de ce nom (mer Ionienne) ; *Brindisi,* port
sur la mer Adriatique, lieu d'embarquement pour
l'Orient. — *Cagliari,* chef-lieu de l'île de Sardaigne, sur la côte méridionale ; — *Palerme,*
chef-lieu de la Sicile, sur la côte septentrionale,
grande et belle ville : 220,000 habit. ; *Messine,*
dans la même île, sur le détroit qui porte son
nom ; *Syracuse,* port sur la côte orientale.

République de Saint-Marin.

181. Description générale. La république de
Saint-Marin, enclavée dans le royaume d'Italie
à l'est, a une population de 9,000 habit. Sa
capitale est **Saint-Marin,** bâtie sur une montagne.

181. Qu'est-ce que la république de Saint-Marin ? Quelle
en est la capitale ?

CHAPITRE XV.

Grèce.

Superficie. 50,000 kilomètres carrés.
Population. 1,500,000 habitants.

182. Position. La Grèce ou Hellade est située dans la région sud-est de l'Europe, entre la mer Ionienne et la mer de l'Archipel.

183. Limites. Au N., la Turquie d'Europe; — à l'E., la mer de l'Archipel; — au S., la mer Méditerranée; — à l'O., la mer Ionienne.

184. Divisions. Le royaume de Grèce comprend : la *Grèce propre* ou *continentale,* nommée aussi *Livadie,* au nord; la *Morée* ou *Péloponèse,* au sud, rattachée à la Grèce continentale par l'isthme de Corinthe ; les *îles de l'Archipel,* à l'est ; les sept *îles Ioniennes,* à l'ouest.

La population appartient en totalité à la famille grecque et professe le christianisme du rit grec. La langue parlée est le grec moderne. Le gouvernement est une monarchie constitutionnelle.

QUESTIONS. — 182. Quelle est la position de la Grèce? sa superficie? sa population? — 183. Quelles sont ses limites ?— 184. Comment se divise-t-elle ? Indiquez la race des habitants, la langue, la religion, le gouvernement. —

185. Montagnes. Dans la Grèce propre, le *Lia-koura* ou *Parnasse*, l'*Hélicon*, l'*Œta* et l'*Hymette*. — Dans la Morée, le *Taygète* et le *Lycée*.

186. Fleuves. L'*Aspro-potamo* et le *Rouphia* ou l'*Alphée* se jettent dans la mer Ionienne ; — le *Potami* et l'*Iri* se rendent dans la mer de l'Archipel.

187. Productions. Le sol de la Grèce est en général d'une grande fertilité. Les productions principales sont les céréales, le riz, les olives, des fruits, des vins renommés et le tabac. Sous le rapport minéral, ce pays est surtout riche en beaux marbres et en albâtres.

188. Villes principales. Grèce propre : Athènes, à l'E., capitale du royaume, une des villes les plus célèbres des temps anciens : 45,000 habit. ; *Le Pirée,* port de la ville d'Athènes, sur la mer de l'Archipel ; *Thiva,* sur l'emplacement de l'ancienne Thèbes ; *Lépante,* port sur le golfe du même nom (mer Ionienne) ; *Missolonghi,* près du golfe de Patras (même mer). — **Morée :** *Nauplie,* sur le golfe de même nom (mer de l'Archipel) ; *Corinthe,* sur l'isthme de ce nom ; *Navarin,* sur la mer Ionienne ; *Patras,* port sur le

185. Nommez les montagnes ; — 186. les fleuves. — 187. Dites les productions. — 188. Quelle est la capitale du royaume ? Quelles sont les villes principales de la Grèce propre ? de la Morée ? des îles de l'Archipel et des îles Ioniennes ?

golfe de ce nom (même mer). — **Iles de l'Archipel** : *Chalcis*, chef-lieu de l'île d'Eubée ou Négrepont, ville maritime ; *Syra*, chef-lieu de l'île de ce nom, entrepôt général du commerce de la Grèce.— **Iles Ioniennes** : *Corfou*, chef-lieu de l'île de ce nom, beau port; *Zante,* port commerçant.

Turquie d'Europe.

Superficie. 370,000 kilomètres carrés.
Population. 10,000,000 d'habitants.

189. Position. La Turquie d'Europe, partie de l'empire Ottoman, qui s'étend en Europe et en Asie, est située dans la région orientale de l'Europe, à l'ouest de la mer Noire et de la mer de l'Archipel.

190. Limites. Au N., l'Autriche-Hongrie et la Russie; — à l'E., la mer Noire et la mer de Marmara ; — au S., la mer de l'Archipel et la Grèce; — à l'O., la mer Ionienne, la mer Adriatique et l'Autriche-Hongrie.

191. Divisions. La Turquie d'Europe comprend six parties principales : la *Roumélie*, la *Bulgarie*, la *Serbie turque*, la *Bosnie*, l'*Albanie* et

189. Quelle est la position de la Turquie d'Europe? sa superficie? sa population?— 190. Quelles sont ses limites? — 191. Comment se divise-t-elle? Dites les races, les religions, les langues, le gouvernement. — 192. Nommez les

la *Thessalie,* auxquelles se rattachent comme États tributaires la *Roumanie,* la *Serbie* et l'État de *Monténégro.*

La population, qui est en partie chrétienne du rit grec et en partie mahométane, appartient aux familles turque et grecque. Le turc et le grec sont les langues parlées. L'autorité du sultan, chef religieux et civil, est absolue.

192. Iles. *Candie,* l'ancienne Crète, grande île au S. de la Grèce, dans la Méditerranée. — *Tasso, Samotraki, Imbro* et *Lemno,* îles moins importantes dans la mer de l'Archipel.

193. Mers et Détroits. La Turquie d'Europe est baignée à l'E. par la mer *Noire* et par la mer de *Marmara,* au S. par la mer de l'*Archipel,* et à l'O. par la mer *Ionienne* et la mer *Adriatique,* toutes subdivisions de la Méditerranée. — Le *Bosphore* ou canal de *Constantinople* réunit la mer Noire à la mer de Marmara, et le détroit des *Dardanelles,* la mer de Marmara à la mer de l'Archipel.

194. Montagnes. Les *Alpes dinariques* couvrent l'ouest de la Turquie d'Europe; de ces montagnes se détachent à l'E. les monts *Balkans* et au S. la chaîne *Hellénique;* — les monts *Carpathes* ou *Krapacks* séparent la Roumanie de l'Autriche-Hongrie.

195. Fleuves. La *Maritza* et la *Salembria*

îles ; — 193. les mers et les détroits ; — 194. les principales montagnes ; — 195. les principaux fleuves. — 196. Quelles

se jettent dans la mer de l'Archipel ; — le *Drin* et la *Narenta* se rendent dans la mer Adriatique ; — le *Danube* se jette dans la mer Noire par plusieurs bouches.

196. Productions. Le sol de la Turquie d'Europe, couvert en partie de forêts et de pâturages, a aussi des plaines fertiles qui produisent des céréales, du riz, du maïs, du vin, des olives, du coton, du tabac et toutes sortes de fruits délicieux. Les principaux minéraux sont le cuivre, le mercure et les marbres.

197. Villes principales. Constantinople (Stamboul), à l'E., dans la Roumélie, capitale de l'empire Ottoman, située entre la mer Noire et celle de Marmara, sur le canal de Constantinople : 1,000,000 d'habit. — Au N., *Bosna-Séraï*, chef-lieu de la Bosnie, centre d'un commerce considérable fait par des caravanes ; *Nissa*, chef-lieu de la Serbie turque ; *Roustchouk*, port sur le Danube. — A l'E., *Varna*, port sur la mer Noire ; *Andrinople*, près de la Maritza, commerce important. — Au S., *Gallipoli*, port sur le détroit des Dardanelles ; *Salonique*, port sur le golfe du même nom (mer de l'Archipel) ; *Trikala*, près de la Salembria, chef-lieu de la Thessalie. — A l'O., *Janina*, sur le lac de ce nom ; *Scutari*, chef-lieu de l'Albanie. — Dans l'île de Candie, *La Canée*, port important de commerce.

sont les productions de la Turquie ? — 197. Nommez la capitale. Quelles sont les autres principales villes ?

198. Possessions hors de l'Europe. L'empire Ottoman a d'importantes possessions en Asie : l'*Asie Mineure* ou *Anatolie*, l'*Arménie*, l'*Irak-Araby*, l'*El-Djézireh*, la *Syrie*, une partie de l'*Arabie*. — En Afrique, il étend sa suzeraineté sur l'*Égypte* et sur les États de *Tripoli* et de *Tunis*, qui sont ses tributaires.

Principautés tributaires.

199. Description générale. La *Roumanie*, formée des principautés unies de Valachie et de Moldavie, est située au N. E. et baignée par le Danube. Sa population est de 4,500,000 habit. — Les villes principales sont : *Bukharest*, capitale : 140,000 habit. ; *Jassy*, sur un affluent du Pruth ; *Galatz*, port maritime sur le Danube.

La *Serbie* est située au N. O. et a une population de 1,300,000 habit. — Les villes principales sont : *Belgrade*, sur le Danube, capitale ; 26,000 habit. ; *Semendria*, sur le même fleuve.

L'État de *Monténégro* est situé à l'O. et enclavé dans l'Albanie. — Sa population est de 120,000 habit. et sa capitale, *Cettigne*.

— 198. La Turquie n'a-t-elle pas des possessions hors de l'Europe? — 199. Indiquez la situation, la population et les villes principales de la Roumanie. Mêmes questions pour la Serbie et le Monténégro.

CHAPITRE XVI.

Russie d'Europe.

Superficie : 5,000,000 de kilomètres carrés.
Population : 70,000,000 d'habitants.

200. Position. L'empire de Russie occupe toute la partie nord-est de l'Europe et s'étend en outre sur l'Asie septentrionale.

201. Limites. Les limites de la Russie d'Europe sont : au N., l'océan Glacial arctique ; — à l'E., le fleuve Kara, les monts Ourals, le fleuve Oural et la mer Caspienne, qui la séparent de l'Asie ; — au S., les monts Caucase et la mer Noire ; — à l'O., la Roumanie (Turquie), l'Autriche-Hongrie, l'Allemagne, la mer Baltique et la Suède.

202. Divisions. La Russie d'Europe est divisée en soixante-six gouvernements, formés des contrées appelées autrefois *Grande-Russie*, *Finlande*, *Livonie*, *Pologne*, *Crimée*, etc.

La population appartient aux familles slave et tartare. Le christianisme du rit grec est la re-

QUESTIONS. — 200. Quelle est la position de l'empire de Russie? — Quelles sont la superficie et la population de la Russie d'Europe? — 201. Quelles sont ses limites? — 202. Comment se divise-t-elle? Dites les races, la religion,

ligion dominante. Le russe et le polonais sont les langues parlées. L'empereur, qui a une autorité à peu près absolue, se nomme *czar* ou *tzar*.

203. Iles. La *Nouvelle-Zemble*, dans l'océan Glacial arctique; l'archipel d'*Aland*, les îles *Dago* et *Œsel*, dans la mer Baltique.

204. Mers et Golfes. La Russie d'Europe est baignée par plusieurs mers : l'*océan Glacial arctique*, la mer *Blanche*, la mer de *Kara*, la mer *Caspienne*, la mer d'*Azof*, la mer *Noire* et la mer *Baltique*.—La mer Baltique y forme des golfes importants : ceux de *Bothnie*, de *Finlande* et de *Riga* ou *Livonie*; — la mer Noire, ceux d'*Odessa* et de *Pérékop*.

205. Montagnes. Les monts *Ourals* ou *Poyas*, sur la limite de l'Europe et de l'Asie, d'où se détachent les monts *Chémokonski* et le plateau de *Valdaï*; les monts *Caucase*, au sud-est, dont le point culminant est le pic d'*Elbrouz*.

206. Fleuves. La *Kara* et la *Petchora* se jettent dans l'océan Glacial; — la *Dvina du Nord* et l'*Onéga*, dans la mer Blanche; — la *Tornéa*, la *Néva*, la *Duna* ou *Dvina du Sud*, le *Niémen* et la *Vistule*, dans la mer Baltique; — le *Volga* et l'*Oural*, dans la mer Caspienne; — le *Dniester*

la langue, le gouvernement. — 203. Quelles sont les îles qui en dépendent? — 204. Quels sont les mers et golfes? — 205. les montagnes principales? — 206. les principaux

et le *Dniéper,* dans la mer Noire ; — le *Don,* dans la mer d'Azof.

207. Productions. Dans les provinces du nord le froid est rigoureux et le sol peu productif. A l'est et à l'ouest du Don s'étendent des plaines immenses nommées *steppes,* les unes entrecoupées de marais et absolument stériles, les autres couvertes d'herbes qui nourrissent de nombreux troupeaux. Les provinces du sud jouissent d'un climat tempéré et produisent beaucoup de blé, du colza, du lin et du chanvre. Les monts Ourals renferment des mines de fer, de cuivre, de platine, d'argent et d'or.

208. Villes principales. Saint-Pétersbourg, à l'O., sur la Néva, près du golfe de Finlande, capitale : 668,000 habit. — Au centre, *Moscou,* sur la Moskova, ancienne capitale de l'empire, grand commerce intérieur : 610,000 hab. ; *Kalouga,* ville industrielle.—Au N., *Arkhangel,* port sur la mer Blanche, grand commerce de fourrures. — A l'E., *Kazan,* grand entrepôt de commerce ; *Orenbourg,* sur l'Oural, le centre du commerce des Tartares avec l'Europe ; *Astrakhan,* port maritime sur le Volga, près de la mer Caspienne. — Au S., *Ékatérinodar,* chef-lieu de la Circassie ; *Simféropol,* chef-lieu de la Crimée ou Tauride ; *Odessa,* le port le plus commerçant

fleuves ? — 207. Quelles sont les principales productions de cette contrée ? — 208. Dites la capitale de l'empire de Russie. Où est-elle située ? Quelle est sa population ? Nommez

de la mer Noire, l'entrepôt des produits de la Russie méridionale. — A l'O., *Varsovie*, sur la Vistule, grande et belle ville, ancienne capitale de la Pologne; *Lublin*, commerce important; *Kiev*, sur le Dniéper, qui fut la première capitale de la Russie; *Riga*, ville très-commerçante sur la Duna, près de son embouchure dans la mer Baltique; *Kronstadt*, sur une petite île qui domine le golfe de Finlande; *Helsingfors*, port sur le même golfe.

209. Possessions hors de l'Europe. La Russie a d'importantes possessions en Asie : la *Sibérie*, la *Transcaucasie* et une partie du *Turkestan*.

Suède et Norwége.

Superficie : 750,000 kilomètres carrés.
Population : 6,000,000 d'habitants.

210. Position. Le royaume de Suède et Norwége, qui comprend la péninsule Scandinave, est situé dans la région septentrionale de l'Europe.

211. Limites. Au N., l'océan Glacial arctique; — au N. O., l'océan Atlantique; — à l'O., la mer du Nord;–au S., le Skager-Rack, le Cattégat, le Sund et la mer Baltique; — à l'E., la mer Baltique et la Russie.

212. Divisions. La monarchie scandinave comprend deux grandes parties : la *Suède*, à l'E., et la *Norwége*, à l'O. — De ces États dépend la *Laponie*, située à l'extrémité septentrionale.

La population appartient aux familles scandinave et laponne. Le luthéranisme est la religion dominante. Le suédois est la langue officielle. Le gouvernement est une monarchie constitutionnelle.

213. Iles. Les îles *Gottland* et *Œland*, dans la mer Baltique ; — les îles *Loffoden*, dans l'océan Glacial arctique.

214. Montagnes. Les monts *Dofrines* ou *Alpes scandinaves* séparent dans leurs parties septentrionales la Suède et la Norwége.

215. Fleuves. La *Tana* se jettent dans l'océan Glacial arctique ; — la *Tornéa*, dans la mer Baltique ; — la *Luléa*, dans la même mer ; — la *Gotha* se rend dans le Cattégat ; — le *Glommen* a son embouchure dans le Skager-Rack.

216. Productions. Le sol de la Suède est peu productif, surtout dans la Laponie, où règne un

sont ses limites ? — 212. De quoi se compose-t-il ? Dites la race, la religion, la langue, le gouvernement. — 213. Indiquez les îles ; — 214. les montagnes ; — 215. les fleuves. — 216. Quelles sont les principales productions de cette

froid rigoureux ; vers le sud il est plus fertile.
Les parties montagneuses de la Norwége abon-
dent en bois renommés pour les constructions
navales. Cette contrée possède de riches mines de
fer, de cuivre et d'argent.

217. Villes principales. Suède : Stockholm, à
l'E., capitale de tout le royaume, sur le lac Mælar,
près d'un petit golfe de la mer Baltique ; commerce très-actif : 140,000 habit. — *Carlscrona*,
au S., principal port de la marine militaire, sur
la même mer. — *Gothembourg*, bon port, sur le
Cattégat. — *Upsal*, ancienne université.

Norwége : Christiania, au S., port au fond du
golfe du même nom (mer du Nord), capitale de
la Norwége : 70,000 habit. — *Christiansand*, au
S., sur le Skager-Rack, port important par son
commerce. — *Bergen* et *Drontheim*, ports sur
l'océan Atlantique.

218. Possessions coloniales. La Suède n'a
qu'une colonie, l'île *Saint-Barthélemy*, dans les
Antilles, en Amérique.

contrée ? — 217. Quelle est la capitale du royaume ? Nommez les autres villes importantes, soit de la Suède, soit
de la Norwége. — 218. Quelle possession cet État a-t-il
en Amérique ?

Danemark.

Superficie. 38,000 kilomètres carrés.
Population. 1,800,000 habitants.

219. Position. Le royaume de Danemark est une région péninsulaire située au sud de la Scandinavie et à l'entrée de la mer Baltique.

220. Limites. Au N., le Cattégat et le détroit du Skager-Rack; — à l'E., le détroit du Sund et la mer Baltique; — au S., la mer Baltique et l'Allemagne; — à l'O., la mer du Nord.

221. Divisions. Les États du Danemark comprennent : 1° l'*archipel Danois*, composé des îles *Seeland, Fionie, Bornholm, etc.*, dans la mer Baltique; 2° la *presqu'île du Jutland*, sur la terre ferme; 3° l'*Islande*, grande île entre la mer du Nord et l'océan Glacial, où se trouve le volcan l'*Hécla;* 4° les *îles Færöe*, situées au S. E. de l'Islande.

La population appartient aux familles scandinave et allemande. Le luthéranisme est la religion dominante. Le danois est la langue officielle. Le gouvernement est une monarchie constitutionnelle.

219. Quelle est la position du Danemark? sa superficie? sa population? — 220. Quelles sont ses limites? — 221. De quelles parties se compose-t-il? Dites la race, la religion, la langue, le gouvernement. — 222. Nommez les

222. Mers et Détroits. La *mer du Nord* et la *mer Baltique,* qui baignent les côtes des États danois, communiquent entre elles par le bras de mer le *Cattégat* et les détroits du *Skager-Rack,* du *Sund,* du *Grand Belt* et du *Petit Belt.*

223. Productions. Le sol de l'archipel Danois est généralement fertile et produit abondamment l'orge, l'avoine et les pommes de terre. Les marais et les bruyères occupent une grande partie du Jutland. L'Islande est un pays constamment couvert de neige, et les îles Færöe sont stériles.

224. Villes principales. Copenhague, capitale, dans l'île de Seeland, commerce très-étendu : 180,000 habit. — *Elseneur,* dans la même île, sur l'endroit le plus resserré du Sund. — *Odensée,* dans l'île de Fionie. — *Aalborg* et *Viborg,* dans le Jutland. — *Reykiavik,* ville principale de l'Islande.

225. Possessions coloniales. Le Danemark possède en Amérique : l'île *Sainte-Croix,* dans les Antilles, et des établissements dans le *Groënland.*

mers qui le baignent et les principaux détroits. — 223. Quelles sont les productions du Danemark? — 224. Quelle en est la capitale ? Quelles sont les autres villes importantes?—225. Quelles possessions le Danemark a-t-il au dehors ?

CHAPITRE XVII.

ASIE.

Superficie. 42,000,000 de kilomètres carrés.
Population. 700,000,000 d'habitants.

226. Situation. L'Asie, la plus étendue et la plus peuplée des cinq parties du monde, appartient à l'ancien continent, dont elle occupe toute la partie orientale.

227. Limites. Au N. l'océan Glacial Arctique; — à l'E., l'océan Pacifique ou Grand Océan et les mers qu'il forme; — au S., l'océan Indien ou mer des Indes; — à l'O., les monts Ourals, le fleuve Oural, la mer Caspienne, le Caucase, la mer Noire, les mers de Marmara, de l'Archipel et Méditerranée qui la séparent de l'Europe; l'isthme de Suez, qui la réunit à l'Afrique, et la mer Rouge.

228. Grandes Divisions. L'Asie se divise en onze parties principales, dont une au N., la *Russie d'Asie;* — quatre à l'O., la *Turquie d'Asie,* l'*Arabie,* le *Turkestan,* la *Perse;* — trois au S., l'*Afghanistan,* le *Béloutchistan,* l'*Hindoustan;* — trois à l'E., l'*Indo-Chine,* la *Chine,* le *Japon.*

QUESTIONS. — 226. Où est située l'Asie? Quelle est sa superficie? sa population? — 227. Quelles sont ses limites? — 228. En combien de parties se divise l'Asie? Dites les

La population de l'Asie appartient à deux races
principales, la race blanche et la race jaune : les
peuples de race blanche sont les Persans, les
Turcs, les Arabes, les Hindous, les Géorgiens,
et les peuples de race jaune, les Chinois, les Japonais, les Mongols, les Mandchoux. — L'arabe, le
turc, le persan, l'hindoustani, le chinois et le
japonais sont les principales langues parlées. —
Les religions les plus répandues parmi ces peuples sont : le mahométisme, le brahmanisme et le
bouddhisme ; le christianisme compte un grand
nombre d'adhérents dans les diverses contrées.

229. Description générale, productions. L'Asie
présente une grande variété dans ses climats et
dans ses productions. La région septentrionale
n'offre dans presque toute son étendue qu'une
affreuse aridité et des glaces amoncelées le long
des côtes et à l'embouchure des fleuves. La région centrale est sujette à des froids excessifs ; là
se trouve un vaste plateau, désigné sous le nom
de *plateau central,* formé de hautes plaines, de
montagnes, toujours couvertes de neiges, de déserts et de steppes. La région méridionale renferme les contrées les plus riches et les plus fertiles. Les principales productions de l'Asie, aussi
précieuses que variées, sont le thé, le café, les
épices, toutes sortes de fruits excellents ; la soie,
le coton, l'indigo, le riz, l'opium, l'or, les dia-

races, les langues et les religions de cette partie du monde.
— 229. Quels sont l'aspect du sol et le climat de l'Asie ?

mants et d'autres pierres précieuses; les perles, l'étain, le zinc, le mercure.

230. Mers. L'Asie est baignée par quatre grandes mers et par plusieurs autres moins considérables qu'elles forment. — *L'océan Glacial Arctique* baigne l'Asie au nord et forme la mer de *Kara*. — *L'océan Pacifique* ou *Grand Océan*, à l'est de l'Asie, forme la mer de *Behring*, à l'est du Kamtchatka ; la mer d'*Okhotsk*, entre la Russie d'Asie et le Japon ; la mer du *Japon*, entre la Chine et le Japon ; la mer de la *Chine*, entre la Chine, l'Indo-Chine et l'Océanie. — *L'océan Indien* ou mer des *Indes* baigne le sud de l'Asie et forme la mer d'*Oman*, entre l'Arabie, le Béloutchistan et l'Hindoustan, et la mer *Rouge* ou golfe *Arabique*, entre l'Asie et l'Afrique. — La mer *Méditerranée*, à l'ouest de l'Asie, forme la mer de l'*Archipel*, celle de *Marmara* et la mer *Noire*, qui baignent les côtes de la Turquie. — La mer *Caspienne*, entre l'Europe et l'Asie, ne communique à aucune autre mer.

231. Golfes. Les principaux golfes de l'Asie sont : les golfes de l'*Obi* et de l'*Iénisséi*, formés par l'océan Glacial Arctique; — le golfe d'*Anadyr*, formé par la mer de Behring ;—les golfes du *Tonkin* et de *Siam*, formés par la mer de la Chine ;—le golfe du *Bengale*, formé par l'océan Indien, entre les deux Indes ; — le golfe de *Martaban*, formé

Quelles sont ses productions? — 230. Quelles sont les mers qui baignent l'Asie? — 231. Dites les principaux golfes ; —

par la même mer, à l'ouest de l'Indo-Chine; — le golfe *Persique,* entre la Perse et l'Arabie.

232. Détroits. Les détroits les plus remarquables de l'Asie sont : le détroit de *Behring,* entre l'océan Glacial Arctique et la mer de Behring ;— le détroit de *Singapour* et celui de *Malacca,* entre la presqu'île de ce nom et l'île de Sumatra ; — le détroit d'*Ormuz,* entre le golfe Persique et la mer d'Oman ; — le détroit de *Bab-el-Mandeb,* entre la mer d'Oman et la mer Rouge ; — le détroit des *Dardanelles* et le canal de *Constantinople,* entre la Méditerranée et la mer Noire.

233. Iles. Les îles principales de l'Asie sont : dans l'océan Glacial Arctique , l'archipel de la *Nouvelle-Sibérie* ou de *Liakhov.* — Dans l'océan Pacifique et les mers qu'il forme, l'archipel des *Kouriles,* l'île *Sakhalien,* les îles du *Japon,* l'archipel de *Lieou-Kieou,* l'île *Formose.* — Dans l'océan Indien, les *Maldives,* les *Laquedives,* l'île de *Ceylan.* — Dans la mer Méditerranée, les îles de *Chypre,* de *Rhodes* et de *Samos.*

234. Presqu'îles, isthme. Parmi les presqu'îles de l'Asie, les principales sont : celle du *Kamtchatka,* dans la Russie d'Asie; — celle de *Corée,* en Chine ; — la presqu'île orientale des *Indes* ou l'*Indo-Chine ;* — la presqu'île occidentale des *Indes* ou la partie méridionale de l'*Hindoustan ;* — la

232. les principaux détroits ; — 233. les principales îles ; — 234. les principales presqu'îles et l'isthme le plus remar-

presqu'île de *Malacca*, au sud de l'Indo-Chine ; — l'*Anatolie*, dans la Turquie d'Asie ; — l'*Arabie*, la plus grande des presqu'îles de l'Asie. — L'isthme de *Suez* réunit l'Asie à l'Afrique et est traversé par un canal qui met en communication la mer Rouge et la Méditerranée.

235. Montagnes, plateaux. Les principales montagnes de l'Asie sont : les monts *Ourals* ou *Poyas*, entre l'Europe et l'Asie ; — les monts *Altaï* et *Stanovoï*, dans la Sibérie ; — le *Caucase*, entre la mer Noire et la mer Caspienne. — le *Taurus*, le *Liban* et l'*Anti-Liban*, dans la Turquie d'Asie ; — le mont *Sinaï*, en Arabie ; — les monts du *Khoraçan*, en Perse ; —les monts *Himalaya*, au nord de l'Hindoustan ; — les *Ghattes*, au sud de la presqu'île de l'Hindoustan ; — les monts de *Siam*, dans l'Indo-Chine ; — les monts du *Khoukhou-noor*, sur la frontière de la Chine et du Thibet. — L'Asie compte plusieurs plateaux importants : le *grand plateau central*, situé principalement dans le Thibet ; — le plateau d'*Iran* ou de *Perse* ; —le plateau du *Dekhan*, dans l'Hindoustan.

236. Ligne de partage des eaux, versants. La ligne de partage des eaux divise l'Asie en quatre grands versants : le *versant du nord*, incliné vers l'océan Glacial Arctique ; le *versant de l'est*, incliné vers l'océan Pacifique ; le *versant du sud*, incliné vers

quable.—235. Quelles sont les principales montagnes de l'Asie ? Où sont-elles situées ? — 236. En combien de versants

l'océan Indien; le *versant de l'ouest*, incliné vers la Méditerranée.

237. Fleuves, bassins. L'Asie est arrosée par un grand nombre de fleuves importants, qui forment autant de bassins. — L'océan Glacial Arctique reçoit l'*Obi*, l'*Iénisséi* et la *Léna*. — L'océan Pacifique et les mers qui en dépendent reçoivent l'*Amour* ou *Sakhalien*, le *Hoang-ho* ou fleuve *Jaune*, le *Kiang* ou fleuve *Bleu*, le *Meï-kong* ou *Cambodge* et le *Meï-nam*. — L'océan Indien reçoit l'*Iraouaddy*, le *Gange*, le *Sind* ou *Indus*, le *Chat-el-Arab*, formé de l'*Euphrate* et du *Tigre*. — La Méditerranée et les mers qui en dépendent reçoivent l'*Oronte*, le *Meïnder* ou *Méandre*, le *Kizil-Ermak* et le *Rioni*. — La mer Caspienne reçoit l'*Oural* et le *Kour*.

238. Lacs. Les lacs les plus remarquables de l'Asie sont : le lac *Baïkal*, dans la Sibérie; — le lac *Zerrah*, dans le plateau d'Iran ; — le lac *Lob*, dans le plateau central ; —le lac de *Van*, en Arménie ; — les lacs *Asphaltite* ou mer *Morte* et de *Tibériade* ou mer de *Galilée*, en Syrie.

239. Principaux objets d'échange avec les autres parties du monde. L'Asie reçoit de l'Europe et de l'Amérique toutes sortes d'objets manufacturés; elle exporte les produits de son industrie et les

l'Asie est-elle divisée? — 237. Quels sont les principaux fleuves? Dans quelles mers se jettent-ils ? — 238. Nommez les principaux lacs de l'Asie. — 239. Quels sont les prin-

riches productions du sol, le thé, le café, les épices, le coton, la soie, etc. Le commerce extérieur est généralement fait par les étrangers, surtout par les Européens. L'industrie fait peu de progrès chez les divers peuples de l'Asie; elle a principalement pour objet les étoffes de soie, les châles cachemires, les tapis, les objets de laque, les porcelaines, les bois précieux.

240. Possessions européennes en Asie. Divers États de l'Europe possèdent des contrées importantes en Asie. — A la Russie appartiennent la *Sibérie*, la *Transcaucasie* et une partie du *Turkestan*; à la Turquie, l'*Anatolie*, la *Syrie*, etc., et l'*Hedjaz*, province de l'*Arabie*; l'Angleterre domine dans l'*Hindoustan* et dans une partie de l'*Indo-Chine*; la France a quelques territoires dans l'*Hindoustan* et en *Cochinchine*.

241. Notions des anciens. Les anciens ne connaissaient pas les limites de l'Asie au nord et à l'est; mais l'histoire de l'humanité a commencé dans les contrées que baignent la mer Noire et la mer Méditerranée et celles qui occupent l'intérieur du pays entre ces mers et le golfe Persique, telles que l'*Asie Mineure*, la *Syrie*, la *Phénicie*, l'*Assyrie*, etc. (Turquie d'Asie), la *Perse*, la *Bactriane* (Afghanistan), etc. C'est en Asie que les saintes Écritures placent le paradis terrestre;

cipaux objets de l'industrie et du commerce?— 240. Quelles sont les possessions européennes dans cette partie du monde? — 241. Les anciens connaissaient-ils bien l'Asie?

c'est aussi dans cette partie du monde que s'accomplit la divine mission de N. S. Jésus-Christ, et c'est de là que la civilisation s'est répandue dans le monde entier.

CHAPITRE XVIII.

Russie d'Asie.

Superficie. 14,000,000 de kilomètres carrés.
Population. 6,000,000 d'habitants.

242. Position. La Russie d'Asie, dépendante de la Russie d'Europe, est une vaste contrée qui occupe toute la partie septentrionale de l'Asie.

243. Limites. Au N., l'océan Glacial Arctique et la Russie d'Europe ; — à l'E., les parties de l'océan Pacifique qui prennent le nom de mer de Behring et de mer d'Okhotsk ; — au S., l'empire Chinois, le Turkestan, la mer Caspienne, la Perse et la Turquie d'Asie ; — à l'O., la mer Noire et la Russie d'Europe.

244. Divisions. La Russie d'Asie comprend trois parties principales : au nord et à l'est, la *Sibérie ;* à l'ouest, la *Transcaucasie ;* au sud-ouest, le *Turkestan russe.*

QUESTIONS. — 242. Quelle est la position de la Russie d'Asie? sa superficie? sa population? — 243. Dites ses limites. — 244. Comment se divise la Russie d'Asie? —

245. Productions. La Sibérie est riche en mines d'or, d'argent, de platine, de fer, et en pierres précieuses ; ses fourrures sont très-recherchées. Les productions principales de la Transcaucasie et du Turkestan russe sont les grains, les fruits, les vins et le coton.

246. Villes principales. *Tobolsk*, chef-lieu de la Sibérie occidentale, entrepôt du commerce entre l'Europe et l'Asie : 20,000 habit.—*Tomsk*, ville commerçante. — *Irkoutsk*, chef-lieu de la Sibérie orientale, entrepôt du commerce de la Russie avec la Chine. — *Kiachta*, important entrepôt de commerce avec la Chine. — *Okhotsk*, port sur la mer de ce nom. — *Tiflis*, sur le Kour, ville principale de la Transcaucasie, centre de commerce entre l'Europe et l'Asie : 60,000 habit. — *Érivan*, sur l'Aras, affluent du Kour. — *Koutaïs*, sur le Rioni. — *Bakou*, port commerçant sur la mer Caspienne. — *Taschkend*, grande ville du Turkestan.— *Viernojé*, entrepôt de commerce avec la Chine.

Turquie d'Asie.

Superficie. 1,400,000 kilomètres carrés.
Population. 12,000,000 d'habitants.

247. Position. La Turquie d'Asie, dépendante de la Turquie d'Europe, est une grande contrée située dans l'Asie occidentale.

245. Quelles sont ses productions?— 246. Nommez les villes principales de la Russie d'Asie. — 247. Quelle est la

248. Limites. Au N., la mer Noire et la Russie ; — à l'E., la Perse ; — au S., l'Arabie ; — à l'O., l'Afrique, la Méditerranée, la mer de l'Archipel et la mer de Marmara.

249. Divisions. La Turquie d'Asie se divise en sept parties : l'*Anatolie* ou *Asie Mineure*, l'*Arménie turque*, le *Kurdistan turc*, l'*Al-Djéziréh* ou *Mésopotamie*, l'*Irak-Arabi*, la *Syrie*, les *îles* de la Méditerranée.

250. Productions. Le blé, le riz, le coton, la gomme, toutes sortes de fruits, les vins, sont les productions principales de la Turquie d'Asie, qui possède aussi des mines de fer, de cuivre, d'or et d'argent. Le commerce maritime se fait surtout dans quelques villes situées le long des côtes, et qu'on appelle *Échelles du Levant.*

251. Villes principales. *Koutaïéh,* chef-lieu de l'Anatolie : 60,000 habit. — *Scutari,* grande et belle ville en face de Constantinople. — *Smyrne,* port sur un golfe de l'Archipel, centre de tout le commerce du Levant : 150,000 habit. — *Trébizonde,* port sur la mer Noire. — *Erzeroum,* près de l'Euphrate, chef-lieu de l'Arménie, entrepôt des caravanes de la Perse et des Indes.—*Mossoul,* sur le Tigre, fabriques d'étoffes dites mousselines. — *Bagdad,* sur le Tigre, industrieuse et

position de la Turquie d'Asie? sa superficie? sa population? — 248. Dites ses limites. — 249. Quelles contrées comprend la Turquie d'Asie? — 250. Quelles sont ses productions? — 251. Nommez les villes principales. —

commerçante. — *Bassora,* port maritime sur le Chat-el-Arab, au fond du golfe Persique. — *Beyrouth,* port important de la Syrie, sur la Méditerranée.—*Damas,* grande et belle ville, fabriques de tissus de soie et de sabres. — *Saint-Jean-d'Acre,* port sur la Méditerranée.— *Jérusalem,* ancienne capitale de la Palestine, la plus célèbre ville du monde, le berceau du christianisme.— *Bethléem,* lieu de naissance de N. S. Jésus-Christ. — *Jaffa,* port sur la Méditerranée.—*Nicosie,* chef-lieu de l'île de Chypre. — *Rhodes,* port dans l'île de ce nom.

Arabie.

Superficie. 2,800,000 kilomètres carrés.
Population. 8,000,000 d'habitants.

252. Position. L'Arabie, contrée de l'Asie occidentale, forme une grande presqu'île située en partie le long de la mer Rouge et réunie à l'Afrique par l'isthme de Suez.

253. Limites. Au N., la Turquie d'Asie; — à l'E., le golfe Persique et la mer d'Oman; — au S., la mer d'Oman; — à l'O., la mer Rouge.

254. Divisions. L'Arabie est partagée en six parties : l'*Hedjaz,* l'*Yémen,* l'*Hadramaout,* l'*Oman,* le *Lahsa,* le *Nedjed.* La Turquie exerce sa suzeraineté sur l'Hedjaz.

252. Quelle est la position de l'Arabie? sa superficie? sa population? — 253. Quelles sont ses limites? — 254. Comment se divise l'Arabie? — 255. Quelles sont ses produc-

255. Productions. Le café, le riz, la canne à sucre, les dattes, la gomme, l'encens, les bois odoriférants, les perles, le coton, sont les productions principales de l'Arabie. On y élève des chevaux renommés. Les chameaux rendent de grands services pour les transports à travers les déserts arides de cette contrée.

256. Villes principales. *La Mecque*, ville principale de l'Hedjaz, lieu de pèlerinage pour les mahométans : 60,000 habit.—*Djeddah,* à l'ouest, port sur la mer Rouge. — *Moka*, au sud, port sur la même mer, café très-recherché. — *Mascate,* port sur la mer d'Oman. — *Aden,* sur le golfe de même nom, près de l'entrée de la mer Rouge, aux Anglais.

CHAPITRE XIX.

Turkestan.

Superficie.   800,000 kilomètres carrés.
Population. 6,000,000 d'habitants.

257. Position. Le Turkestan ou Tartarie indépendante est situé dans la partie occidentale de l'Asie, au sud-ouest de la Sibérie.

tions principales? — 256. Quelles sont les villes principales de l'Arabie?

QUESTIONS. — 257. Où est situé le Turkestan? Dites sa

258. Limites. Au N. la Sibérie et le Turkestan russe; — à l'E., la Chine; — au S., l'Afghanistan et la Perse; — à l'O., la mer Caspienne.

259. Productions. Au nord se trouvent de grandes plaines sablonneuses et quelques bons pâturages. Les provinces du sud produisent en abondance du blé, du riz, toutes sortes d'excellents fruits, du vin, du coton.

260. Divisions. Le Turkestan est divisé en plusieurs petits États, nommés *khanats,* les uns indépendants, les autres placés sous le protectorat de la Russie.

261. Villes principales. *Boukhara,* capitale du khanat de ce nom : 80,000 habit. — *Khokand,* près du Syr-Daria, capitale d'un khanat. — *Khiva,* sur l'Amou-Daria, capitale d'un khanat.

Perse.

Superficie. 1,000,000 de kilomètres carrés.
Population. 8,000,000 d'habitants.

262. Position. Le royaume de Perse est situé dans la partie occidentale de l'Asie et occupe une partie du plateau d'Iran.

superficie; sa population. — 258. Quelles sont ses limites? —259. Quelles sont ses productions?—260. Quelles en sont les divisions?—261. Quelles sont les villes principales? — 262. Où est située la Perse? Quelle est sa superficie; sa

263. Limites. Au N., la Transcaucasie, la mer Caspienne et le Turkestan ; — à l'E., l'Afghanistan et le Béloutchistan ; — au S., la mer d'Oman et le golfe Persique ; — à l'O., la Turquie d'Asie.

264. Divisions. La Perse est divisée en onze provinces, dont les principales sont le *Khoraçan*, le *Kurdistan*, le *Farsistan* et l'*Irak-Adjémi*.

265. Productions. Les meilleurs fruits de l'Europe sont originaires de la Perse, qui produit aussi du riz, du coton, du safran, du tabac, des vins et une grande quantité de soie.

266. Villes principales. Téhéran, capitale : 120,000 habit. — *Tauris,* fabriques de soie et de coton : 110,000 habit. — *Abouchehr,* port sur le golfe Persique. — *Ispahan,* ancienne capitale : 100,000 habit. — *Balfrouch,* près de la mer Caspienne.

Afghanistan.

Superficie. 500,000 kilomètres carrés.
Population. 5,000,000 d'habitants.

267. Position. L'Afghanistan est situé dans la région méridionale de l'Asie, à l'est du plateau d'Iran.

population?—263. Quelles sont ses limites?—264. Quelles en sont les divisions ?—265. Dites les productions principales de cette contrée?—266. Quelle en est la capitale? Nommez les autres villes importantes. — 267. Où est situé l'Af-

268. Limites. Au N., le Turkestan ; — à l'E., l'Hindoustan ; — au S., le Béloutchistan ; — à l'O., la Perse.

269. Divisions. L'Afghanistan comprend deux parties principales : le *Caboul,* à l'E.; le *Hérat,* au N. O.

270. Productions. Les principales productions de cette contrée sont la canne à sucre, le riz, le tabac et le coton.

271. Villes principales. Caboul, sur la rivière du même nom, capitale : 70,000 habit. — *Kandahar,* ville industrielle. — *Hérat,* commerce important par caravanes avec l'Hindoustan.

Béloutchistan.

Superficie. 350,000 kilomètres carrés.
Population. 2,000,000 d'habitants.

272. Position. Le Béloutchistan ou Confédération des Béloutchis est au sud de l'Afghanistan.

273. Limites. Au N., l'Afghanistan ; — à l'E., l'Hindoustan ; — au S., la mer d'Oman ; — à l'O., la Perse.

ghanistan? Quelle est sa superficie; sa population? — 268. Dites ses limites. — 269. Quelle en est la division ? — 270. Quelles sont ses productions? — 271. Quelles sont les villes principales? — 272. Où est situé le Béloutchistan?

274. Productions. Les principales productions sont le riz, le maïs, les dattes, la canne à sucre, le coton, l'indigo.

275. Villes principales. Kélat, au N., capitale : 20,000 habit. — *Gwadel,* au S., port sur la mer d'Oman.

CHAPITRE XX.

Hindoustan.

Superficie. 3,500,000 kilomètres carrés.
Population. 190,000,000 d'habitants.

276. Position. L'Hindoustan, aussi nommé presqu'île occidentale de l'Inde ou Inde en deçà du Gange, est situé dans la partie méridionale de l'Asie. Le sud de cette contrée est particulièrement désigné sous le nom de *Dekhan.*

277. Limites. Au N., l'empire Chinois ;—à l'E., l'Indo-Chine ; — au S., le golfe du Bengale et la mer d'Oman ; — à l'O., le Béloutchistan et l'Afghanistan.

Quelle est sa superficie ; sa population ? — 273. Dites ses limites ; — 274. ses productions. — 275. Quelles sont les villes principales ?
QUESTIONS.—276. Où est situé l'Hindoustan ? Quels autres noms porte-t-il ? Dites sa superficie ; sa population. — 277. Quelles sont ses limites ? — 278. Quelles sont les pro-

278. Productions. Le sol de l'Hindoustan offre, en général, une riche végétation. Il produit abondamment du riz, des cannes à sucre, des épices, des aromates, du coton, de la soie, des bois précieux, des plantes à teinture. On y trouve aussi des mines d'or et d'argent, des diamants et d'autres pierres précieuses.

279. Divisions. L'Hindoustan comprend cinq parties principales : les *États indigènes indépendants*, les *possessions anglaises* ou l'*Hindoustan anglais*, les *États tributaires des Anglais*, les *possessions françaises*, les *possessions portugaises*.

280. Iles. *Ceylan*, île considérable située dans l'océan Indien, au sud-est de la pointe de l'Hindoustan, à l'Angleterre. — Les *Laquedives*, à l'ouest de la côte occidentale, gouvernées par un sultan, vassal des Anglais. — Les *Maldives*, au sud des Laquedives, gouvernées par un sultan indépendant.

281. États indigènes indépendants. Les États indigènes indépendants sont peu nombreux et sont liés par des traités avec l'Angleterre; ils comprennent : le *Népaul*, dont la capitale est *Katmandou*; — le *Boutan*, dont la capitale est *Tassisudon*, et la ville principale, *Pounakah*; — le royaume des îles *Maldives*, qui a pour capitale *Malé*.

ductions de cette contrée? — 279. Comment divise-t-on l'Hindoustan? — 280. Nommez les îles. — 281. Quelles parties comprennent les États indigènes indépendants? Dites

282. Possessions anglaises. Les possessions anglaises constituent l'*Hindoustan anglais*, administré par un vice-roi ou gouverneur général et divisé en huit présidences, dont les plus importantes sont celles du Bengale, de Madras, de Bombay et du Pendjab. La population de ces possessions est de 140,000,000 d'habitants.

Les villes principales sont : **Calcutta**, à l'E., port maritime sur l'Hougly, une des branches du Gange, au fond du golfe du Bengale, chef-lieu d'une présidence, capitale de toute l'Inde anglaise ; commerce immense : 600,000 habit. — Au N., *Dehly*, grande et belle ville ; *Agrah*, sur un affluent du Gange ; *Bénarès*, sur le Gange, commerce très-important ; *Lahore*, chef-lieu d'une présidence et ancienne capitale du Pendjab. — A l'E., *Masulipatam*, sur la côte de Coromandel, fabriques de tissus de coton. — Au S., *Madras*, port sur le golfe du Bengale, chef-lieu d'une présidence : 400,000 habit. — A l'O., *Bombay*, chef-lieu d'une présidence, port sur la mer d'Oman, commerce très-considérable : 650,000 habit. ; *Surate*, port fréquenté, à l'entrée du golfe de Cambaye. — *Colombo*, chef-lieu de l'île de Ceylan, sur la côte occidentale ; *Trinquemale*, port commerçant sur la côte orientale.

les villes principales. — 282. Quels sont les pays que comprennent les possessions anglaises? Comment se divisent-elles ? Dites la population. Quelles sont les villes principales ? — 283. Quelles parties comprennent les États

283. États tributaires des Anglais. Les principaux États tributaires des Anglais sont ceux des *Radjepouts* (*Djeypour* et *Odeypour*), des *Mahrattes* (*Sindiah* et *Guykovar*), de *Mysore*, du *Nizam* et de *Cochin*. Leur population est de 48,000,000 d'habit.—Les villes principales sont: *Djeypour*, une des plus belles villes de l'Inde, capitale de l'État du même nom ; *Odeypour*, capitale de l'État de ce nom ; *Goualior*, capitale du Sindiah ; *Mysore*, capitale de l'État du même nom ; *Haïderabad*, capitale du Nizam ; *Cochin*, capitale de l'État de ce nom.

284. Possessions françaises. Les possessions françaises comptent 200,000 habit. et se composent de quelques villes situées dans diverses parties de l'Hindoustan : **Pondichéry**, port sur la côte de Coromandel, dans le golfe du Bengale, chef-lieu des possessions françaises : 40,000 habit.; *Chandernagor*, ville très-commerçante, sur l'Hougly, au nord de Calcutta; *Mahé*, port sur la côte de Malabar.

285. Possessions portugaises. Les possessions portugaises, situées sur la côte de Malabar et dans la mer d'Oman, ont 300,000 habit. et se composent de trois villes : **Goa** ou *Pandjim*, dans une petite île, près de la côte occidentale, chef-

tributaires des Anglais? Quelle est leur population? Dites les villes principales. — 284. Quelle est la population des possessions françaises? Dites les villes principales. — 285. Quelle est la population des possessions portugaises?

lieu des possessions portugaises; *Damâun* et *Diu*, villes commerçantes.

Indo-Chine.

Superficie. 1,800,000 kilomètres carrés.
Population. 28,000,000 d'habitants.

286. Position. L'Indo-Chine, aussi nommée presqu'île orientale de l'Inde ou Inde transgangétique (au delà du Gange), est située dans la partie orientale de l'Asie.

287. Limites. Au N. l'empire Chinois; — à l'E., la mer de la Chine; — au S., la mer de la Chine et le détroit de Malacca; — à l'O., le golfe du Bengale.

288. Productions. Les productions principales de l'Indo-Chine sont la canne à sucre, le riz, les épices, le coton, la soie, des bois précieux, etc. Ce pays possède des mines d'étain, d'argent, d'or et de pierres précieuses.

289. Divisions. L'Indo-Chine comprend trois parties : les *États indigènes indépendants*, les *possessions anglaises* ou l'*Indo-Chine anglaise*, les *possessions françaises* ou *Cochinchine française*.

Nommez les villes principales. — 286. Où est située l'Indo-Chine? Quelle est sa superficie; sa population? — 287. Dites ses limites? — 288. Quelles sont ses productions? —

290. États indigènes indépendants. Les États indigènes indépendants sont : l'*empire d'An-nam,* le plus oriental de l'Indo-Chine, avec une population de **12,000,000** d'habitants ; le *royaume de Siam,* situé à l'est de l'Indo-Chine anglaise, avec une population de **6,000,000** d'habitants ; l'*empire Birman,* situé au nord-est de l'Indo-Chine anglaise, avec une population de **3,000,000** d'habitants ; le royaume de *Cambodge,* entre l'empire d'An-nam et le royaume de Siam, avec une population de **1,000,000** d'habit. : ce dernier État est sous la protection de la France ; les *États malais* de la presqu'île de Malacca, qui ont une population de **500,000** habit.

Les villes principales sont : dans l'empire d'An-nam : *Hué,* capitale, port sur le golfe du Ton-kin ; *Ké-cho,* port près du même golfe, ancienne capitale du Ton-kin ; *Tourane,* sur la baie de ce nom ; — dans le royaume de Siam : *Bang-kok,* capitale, port à l'embouchure du Meï-nam ; *Siam,* dans une île formée par le même fleuve ; —dans l'empire Birman : *Mandalay,* capitale, sur l'Iraouaddy ; *Ava,* ancienne capitale, sur le même fleuve ; *Amarapoura,* près du même fleuve ; — dans le royaume de Cambodge : *Oudong,* capitale, sur le Meï-kong ; — dans les États malais : *Pahang,* port sur la côte orientale ; *Salengore,* sur le détroit de Malacca.

289. Comment se divise-t-elle ? — 290. Quels sont les États indigènes indépendants ? Nommez les villes principales de ces États. — 291. Dites la position, la population et les

291. Possessions anglaises. Les possessions anglaises, situées à l'ouest et au sud et réunies sous le nom d'*Indo-Chine anglaise*, comprennent deux grandes parties : la *Birmanie anglaise* et le gouvernement des *Détroits*. Elles ont une population de 2,500,000 habit.

Les villes principales sont, dans la Birmanie : *Aracan*, sur le fleuve de ce nom ; *Pégou*, sur l'Iraouaddy ; *Rangoun*, port important à l'embouchure de l'Iraouaddy ; — dans les Détroits : *Malacca*, port à l'extrémité ouest de la presqu'île de ce nom ; *Singapour*, dans l'île de ce nom, à la pointe de la presqu'île de Malacca, entrepôt de commerce considérable : **80,000** habit.

292. Possessions françaises. Les possessions françaises comprennent la *Cochinchine française*, située au sud du royaume de Cambodge. Elle est divisée en six provinces, dont les principales sont celles de *Saïgon*, de *My-tho* et de *Bien-hoa*. La population s'élève à **1,000,000** d'habitants. — La capitale est **Saïgon**, port important sur la rivière de ce nom, près de la mer de la Chine ; les villes principales sont : *Bien-hoa* et *My-tho*.

villes principales des possessions anglaises. — 292. Mêmes questions pour les possessions françaises.

CHAPITRE XXI.

Chine.

Superficie. 10,000,000 de kilomètres carrés.
Population. 400,000,000 d'habitants[1].

293. Position. L'empire Chinois est une vaste contrée située dans la partie centrale et surtout dans la partie orientale de l'Asie.

294. Limites. Au N., la Sibérie ; — à l'E., les subdivisions de l'océan Pacifique nommées mer du Japon, mer Jaune, mer Bleue et mer de la Chine ; — au S., l'Indo-Chine et l'Hindoustan ; — à l'O., le Turkestan.

295. Divisions. L'empire Chinois est divisé en deux parties : la *Chine proprement dite ;* les *pays tributaires,* comprenant la *Corée,* la *Mandchourie,* la *Mongolie,* le *Turkestan chinois* et le *Thibet.*

296. Iles. L'archipel de *Lieou-Kieou* et l'île *Formose,* dans la mer Bleue ; — l'île *Haï-nan,* dans la mer de la Chine.

QUESTIONS. — 293. Où est situé l'empire Chinois ? Quelle est sa superficie ; sa population ? — 294. Quelles sont ses limites ? — 295. Comment est divisé l'empire Chinois ? — 296. Nommez les îles principales. — 297. Dites les produc-

1. La population de la Chine est imparfaitement connue et ne peut être donnée que par approximation.

297. Productions. Les productions principales de l'empire Chinois sont le thé, les fruits, le riz, le coton, la soie. Ce pays possède des mines d'or, d'argent, d'étain, de fer et de cuivre.

298. Villes principales. Dans la Chine propre : **Péking**, à l'E., capitale de l'empire : 1,500,000 habit. ; *Nanking*, à l'E., sur le Kiang, ville très-commerçante; *Chang-haï*, port à l'embouchure du Kiang dans la mer Bleue; *Sou-tcheou-fou*, sur le canal Impérial : 2,000,000 d'habit.; *Canton*, au S., près de la mer de Chine, une des villes les plus commerçantes de l'Asie : 1,000,000 d'habit.;— dans les pays tributaires : *King-ki-tao*, capitale de la Corée; *Moukden*, capitale de la Mandchourie; *Ourga*, capitale de la Mongolie; *Lhassa*, capitale du Thibet.

Les Portugais ont dans la baie de Canton la ville de *Macao*, sur l'île de ce nom ; et les Anglais, la ville de *Victoria*, dans l'île de Hong-kong.

Japon.

Superficie. 400,000 kilomètres carrés.
Population. 35,000,000 d'habitants.

299. Position. L'empire du Japon, situé au nord-est de l'Asie, dont il est séparé par la mer à laquelle il donne son nom, se compose d'un groupe d'îles.

tions principales de la Chine. — 298. Quelle est la population de Péking? Quelles sont les autres villes importantes? — 299. Où est situé l'empire du Japon? Quelle est sa su-

300. Limites. Au N., la mer d'Okhotsk et les îles Kouriles russes; — à l'E. et au S., l'océan Pacifique; — à l'O., la mer du Japon, le détroit de Corée et la mer Bleue.

301. Divisions. L'empire du Japon comprend quatre grandes îles : *Niphon,* au centre; *Yéso,* au nord; *Kiou-siou* et *Sikok,* au sud-ouest de Niphon.

302. Productions. Les îles qui composent l'empire du Japon renferment des mines d'or et d'argent et produisent du thé, du riz, de la canne à sucre, des fruits divers, de la soie, du coton, de l'indigo, du camphre.

303. Villes principales. Dans l'île Niphon : Yédo, à l'E., capitale : 1,500,000 habit. ; *Miako,* ville industrielle et commerçante, résidence du souverain : 1,000,000 d'habit.; *Yokohama,* dans la baie d'Yédo, centre du commerce étranger; *Osaka,* au S., port important; — dans l'île Yéso : *Matsmaï,* port commerçant; — dans l'île Kiou-siou : *Nangasaki,* important port de commerce.

perficie ; sa population? — 300. Dites ses limites. — 301. Comment se divise-t-il? — 302. Quelles sont ses productions ? — 303. Quelle est la capitale du Japon? Nommez les autres villes principales.

CHAPITRE XXII.

AFRIQUE.

Superficie. 25,000,000 de kilomètres carrés.
Population. 100,000,000 d'habitants.

304. Situation. L'Afrique, l'une des cinq parties du monde, appartient à l'ancien continent et forme une grande presqu'île qui tient à l'Asie par l'isthme de Suez.

305. Limites. Au N., la mer Méditerranée ; — à l'E., l'isthme de Suez, la mer Rouge et l'océan Indien ; — au S., l'océan Pacifique ou Grand Océan ; — à l'O., l'océan Atlantique.

306. Grandes Divisions. L'Afrique se divise en dix-huit parties principales, savoir : au nord-ouest, l'empire de *Maroc*, l'*Algérie*, la régence de *Tunis*, la régence de *Tripoli* (États barbaresques) ; — au nord-est, l'*Égypte*, la *Nubie*, l'*Abyssinie* ; — au centre, le *Sahara*, la *Nigritie* ou *Soudan* ; — à l'ouest, la *Sénégambie*, la *Guinée septentrionale*, la *Guinée méridionale* ; — au sud, la *Hottentotie*, la colonie du *Cap-de-Bonne-Espérance*, la *Cafrerie* ; — à l'est, le *Mozambique*, le

QUESTIONS. — 304. Où est située l'Afrique? Quelle est sa superficie? sa population? — 305. Quelles sont ses limites ? — 306. En combien de parties se divise l'Afrique? Où sont

Zanguebar, le *Somâl*. — A ces contrées il faut ajouter les îles africaines.

307. Description générale. Productions. Le sol de l'Afrique offre les contrastes les plus frappants : d'un côté, la végétation la plus active, la plus vigoureuse; de l'autre, la plus affreuse aridité. Près des côtes, et sur les bords des fleuves, on voit des terrains dont la fertilité est admirable; plus loin s'étendent d'immenses solitudes stériles. L'Afrique centrale, située sous la zone torride, est brûlée par les ardeurs du soleil. La partie méridionale de l'intérieur de ce continent forme un vaste plateau, bordé de montagnes peu élevées. Les régions fertiles produisent la canne à sucre, des épices, les ananas, les orangers, toutes les espèces de palmiers, les bananiers, les arbres à gomme. L'Afrique possède aussi des mines d'or, d'argent, de cuivre, de plomb, de sel, et diverses sortes de pierres précieuses.

308. Mers. L'Afrique n'a pas de mers qui lui soient particulières. La mer *Méditerranée* appartient aussi à l'Asie et à l'Europe; l'océan *Indien* et la mer *Rouge* appartiennent également à l'Asie.

309. Golfes. Les principaux golfes de l'Afrique sont les golfes de la *Sidre* et de *Cabès*, formés par

situées ces diverses parties ? —307. Quel aspect général présente l'Afrique ? Quel est le climat de cette partie du monde? Quelles sont ses productions?— 308. Nommez les mers ;—

la mer Méditerranée, sur les côtes barbaresques;
— le golfe de *Guinée*, formé par l'océan Atlantique, sur les côtes de la Guinée; — le golfe d'*Aden*, formé par l'océan Indien, à l'entrée de la mer Rouge; — le golfe de *Suez*, formé par cette dernière mer.

310. Détroits. Les détroits les plus remarquables de l'Afrique sont : le détroit de *Gibraltar*, entre la Méditerranée et l'océan Atlantique (entre l'Afrique et l'Europe); — le détroit de *Bab-el-Mandeb*, entre la mer Rouge et l'océan Indien (entre l'Asie et l'Afrique).

311. Iles. Les principales îles de l'Afrique sont : dans l'océan Atlantique, les îles *Madère*, les îles *Canaries*, les îles *Açores*, celles du *Cap-Vert*, les îles *Gorée*, *Sainte-Hélène* et de l'*Ascension*; — dans l'océan Indien, l'île *Socotora*, les îles *Seychelles*, les *Comores*, l'île de *Madagascar*, les *Mascareignes* (îles *Maurice* ou de *France* et de *la Réunion* ou *Bourbon*).

312. Caps. Les caps les plus remarquables de l'Afrique sont : le cap *Bon*, au nord-est de Tunis; — le cap *Vert*, sur la côte de la Sénégambie; — le cap *Guardafui*, à l'extrémité orientale de l'Afrique; — le cap de *Bonne-Espérance* et le cap des *Aiguilles*, au sud.

309. les golfes; — 310. les détroits. — 311. Quelles sont les îles principales de l'Afrique? — 312. Nommez les caps

313. Montagnes. Les principales chaînes de montagnes de l'Afrique sont : la chaîne de l'*Atlas*, qui s'étend parallèlement à la Méditerranée, de l'ouest à l'est ; — les monts de la *Lune*, au centre de la Nigritie ; — les monts de *Kong*, entre la Nigritie et la Guinée septentrionale ; — les monts *Lupata*, à l'ouest du Mozambique ; — les monts de l'*Abyssinie*.

314. Ligne de partage des eaux, versants. La ligne de partage des eaux, tracée par les montagnes, divise l'Afrique en trois versants : le *versant septentrional* ou de la Méditerranée ; le *versant occidental* ou de l'océan Atlantique ; le *versant oriental* ou de l'océan Indien.

315. Fleuves, bassins. L'Afrique est arrosée par plusieurs fleuves importants, qui forment autant de bassins. — La Méditerranée reçoit le *Nil*, formé par deux rivières, le *Bahr-el-Abiad* ou *Nil Blanc* et le *Bahr-el-Azrak* ou *Nil Bleu*. — L'océan Atlantique reçoit le *Sénégal*, la *Gambie*, le *Niger* ou *Djoliba*, le *Zaïre* ou *Congo* et l'*Orange*. — L'océan Indien reçoit le *Zambèze* et le *Limpopo*.

316. Lacs. Les lacs les plus considérables de l'Afrique sont : le lac *Timsah*, traversé par le canal de l'isthme de Suez ; — le lac *Dembéa*, dans l'Abyssinie ; — le lac *Tchad*, dans la Nigritie ; — les lacs *Albert*, *Victoria* et *Tanganyika*, au sud de la même contrée.

principaux ; — 313. les principales chaînes de montagnes. — 314. Indiquez les divers versants. — 315. les principaux fleuves. — 316. Quels sont les principaux lacs ? — 317. Quels

317. Principaux objets d'échange avec l'Europe.
L'Afrique reçoit de l'Europe toutes sortes d'objets manufacturés. Les principaux objets d'exportation en Europe sont le blé, les dattes, les gommes, le coton, les peaux, les maroquins, les plumes d'autruche, des bois de teinture, l'ivoire, la poudre d'or et des diamants. Le commerce de l'Afrique est assez important : il se fait, à l'intérieur, par caravanes; au dehors, par la marine européenne. L'établissement du canal de Suez, en réunissant la mer Méditerranée à la mer Rouge, a rendu plus faciles et plus actives les relations commerciales.

318. Établissements européens en Afrique. La France possède l'*Algérie*, dans l'Afrique septentrionale, des établissements dans la *Sénégambie*, l'île de *la Réunion* ou *Bourbon*. — L'Angleterre possède la colonie du *Cap-de-Bonne-Espérance*, des établissements dans la *Sénégambie*, l'île *Maurice*, etc. — Au Portugal appartiennent le pays de *Mozambique*, des établissements dans la *Sénégambie*, le *Congo*, les îles *Açores*, de *Madère* et du *Cap-Vert*. — L'Espagne possède les îles *Canaries* et quelques forteresses dans l'empire de *Maroc*. — Les régences de *Tripoli* et de *Tunis*, la vice-royauté d'*Égypte*, certaines parties de la *Nubie* et de l'*Abyssinie*, sont sujettes ou vassales de l'empire Ottoman.

sont les principaux objets d'échange avec l'Europe? — 318. Quels sont les principaux établissements européens en

319. Notions des anciens. Les anciens ne connaissaient de l'Afrique que les côtes septentrionales, qu'ils divisaient en *Mauritanie*, à l'O., *Numidie, Afrique propre* ou *pays de Carthage, Libye,* au centre, et *Egypte,* à l'E., et une partie des côtes de la mer Rouge, le long de laquelle s'étendait l'*Ethiopie.* L'Egypte fut le berceau des arts et des sciences, et après la chute de Carthage, si célèbre par sa puissance maritime et commerciale, les Romains firent de l'Afrique propre le centre de leur domination.

CHAPITRE XXIII.

Empire de Maroc.

Superficie. 700,000 kilomètres carrés.
Population. 8,000,000 d'habitants.

320. Notions générales. L'empire de Maroc, situé sur la côte de la Méditerranée et de l'Océan, à l'extrémité nord-ouest de l'Afrique, est traversé par la chaîne de l'Atlas. Le sol en est très-fertile et produit surtout une grande quantité de céréales et de fruits. — Les villes principales sont: **Maroc,** capitale, ville industrieuse : 60,000 habit.; *Fez,* commerce important : 90,000 habit.; *Méquinez,* dans une belle vallée, résidence de

Afrique? — 319. Quelles parties de l'Afrique les anciens connaissaient-ils? Comment la divisaient-ils?
QUESTIONS. — 320. Donnez quelques notions générales

l'empereur; *Tafilet,* ville très-commerçante; *Tan-ger,* sur le détroit de Gibraltar ; — *Ceuta,* sur le même détroit, appartient à l'Espagne.

Algérie.

Superficie. 550,000 kilomètres carrés.
Population. 3,000,000 d'habitants.

321. Notions générales. L'Algérie, ou Afrique française, occupe tout le littoral de la Méditerranée depuis la régence de Tunis, à l'E., jusqu'à l'empire de Maroc, à l'O. ; elle est divisée en trois provinces ou départements. La chaîne de l'Atlas en couvre la majeure partie; cependant le sol y est généralement fertile, surtout en céréales. — Les villes principales sont : **Alger,** capitale, port sur la Méditerranée, chef-lieu de la province d'Alger et résidence du gouverneur général : 60,000 habit. ; *Constantine,* chef-lieu de la province de ce nom; *Bône,* port sur la Méditerranée; *Oran,* chef-lieu de la province de ce nom, près de la Méditerranée; *Mers-el-Kébir,* petite ville qui sert de port à Oran.

Régence de Tunis.

Superficie. 120,000 kilomètres carrés.
Population. 1,000,000 d'habitants.

322. Notions générales. La régence de Tunis s'étend à l'E. de l'Algérie, dans la région nord-

sur l'empire de Maroc; — 321. sur l'Algérie; — 322. sur

ouest de l'Afrique : le sol n'en est productif que dans la partie septentrionale. Cet État est gouverné héréditairement par un bey vassal de la Turquie. — Les villes principales sont : **Tunis**, capitale, port sur un lac qui communique avec la Méditerranée par le canal de la Goulette, une des villes les plus commerçantes de l'Afrique : 100,000 habit. ; *Cabès*, port de mer fréquenté ; *Kaïrouan*, dans l'intérieur, commerce important.

Régence de Tripoli.

Superficie. 700,000 kilomètres carrés.
Population. 800,000 habitants.

323. Notions générales. La régence de Tripoli, située entre l'Égypte, à l'E., et la régence de Tunis, à l'O., dans la région nord-ouest de l'Afrique, se compose en général de grandes plaines arides et désertes. Elle est gouvernée par un pacha héréditaire vassal de la Turquie.— Les villes principales sont : **Tripoli**, capitale, port sur la Méditerranée : 28,000 habit. ; *Bengazy*, petit port fréquenté ; *Mourzouk*, le rendez-vous des caravanes qui viennent de l'intérieur de l'Afrique ; *Ghadamès*, dans l'oasis de ce nom.

la régence de Tunis ; — 323. sur la régence de Tripoli.

Égypte.

Superficie. 600,000 kilomètres carrés.
Population. 8,000,000 d'habitants.

324. Position. L'Égypte est située à l'extrémité nord-est de l'Afrique et se rattache à l'Asie par l'isthme de Suez.

325. Limites. Au N., la Méditerranée ;—à l'E., l'isthme de Suez et la mer Rouge, qui la séparent de l'Arabie ; — au S., la Nubie ; — à l'O., le Sahara et la régence de Tripoli.

326. Divisions. L'Égypte comprend trois grandes parties : la *Basse Égypte,* comprenant le *Delta,* au nord ; la *Moyenne Égypte,* au centre ; la *Haute Égypte,* au sud.

327. Productions. L'Égypte produit avec une merveilleuse abondance, due aux débordements du Nil, le blé, le riz, la canne à sucre, les dattes, le coton, l'indigo, le safran. On y trouve aussi le marbre, le porphyre, le granit.

328. Villes principales. Le Caire, à peu de distance de la rive droite du Nil, capitale : 350,000 habit. — *Alexandrie,* port commerçant, sur une langue de terre qui s'avance dans la Méditerra-

—324. Où est située l'Égypte? Quelle est sa superficie? sa population? — 325. Dites ses limites ; — 326. ses divisions. — 327. Quelles sont ses productions? — 328. Nom-

née : **220,000** habit. — *Port-Saïd*, port sur la Méditerranée, à l'entrée du canal de l'isthme de Suez. — *Suez*, port sur la mer Rouge, où aboutit le canal. — *Syout*, sur le Nil, dans la Haute Égypte. — *Gyzéh*, sur le Nil, dans la Moyenne Égypte ; près de cette ville se trouvent les fameuses pyramides.

Nubie.

Superficie. 1,200,000 kilomètres carrés.
Population. 2,500,000 habitants.

329. Position. La Nubie est située dans le nord-est de l'Afrique et dans la partie centrale du bassin du Nil.

330. Limites. Au N. l'Égypte ; — à l'E., la mer Rouge ; — au S., l'Abyssinie ; — à l'O., le Sahara et la Nigritie.

331. Divisions. La Nubie se compose de plusieurs États, dont les principaux sont : le *Dongolah*, le *Chendy*, le *Kordofan* et le *Sennaar;* ces États reconnaissent l'autorité du vice-roi d'Égypte.

332. Productions. Les productions principales de cette contrée sont le riz, la canne à sucre, le tabac, la poudre d'or, les bois d'ébène et de sandal.

mez les villes principales. — 329. Où est située la Nubie? Quelle est sa superficie ; sa population? — 330. Dites ses limites ; — 331. ses divisions ; — 332. ses pro-

333. Villes principales. *Dongolah,* sur le Nil. — *Chendy,* sur le même fleuve.— *Khartoum,* près du confluent du Nil Blanc et du Nil Bleu.—*Sennaar,* sur le Nil Bleu. —*Souakim,* port sur la mer Rouge.

Abyssinie.

Superficie. 500,000 kilomètres carrés.
Population. 4,000,000 d'habitants.

334. Position. L'Abyssinie ou Éthiopie est située dans la région nord-est de l'Afrique.

335. Limites. Au N., la Nubie; — à l'E., la mer Rouge; — au S., le Somâl; — à l'O., la Nigritie et la Nubie.

336. Divisions. L'Abyssinie comprend plusieurs États, dont les plus importants sont ceux d'*Amhara* ou de *Gondar,* de *Tigré* et de *Choa,* tributaires ou vassaux de l'Égypte.

337. Productions. Cette contrée donne les mêmes productions que l'Égypte et la Nubie. On en exporte de la poudre d'or, de l'ivoire et des plumes d'autruche.

338. Villes principales. *Gondar,* capitale de l'Amhara, la ville la plus importante de l'Abyssi-

ductions; — 333. ses villes principales.— 334. Où est située l'Abyssinie? Quelle est sa superficie? sa population? — 335. Dites ses limites; — 336. ses divisions; — 337. ses

nie. — *Adoua,* ville principale du Tigré. — *An-kober*, ville principale du Choa. — *Massouah*, port sur la mer Rouge.

Sahara.

Superficie. 6,000,000 de kilomètres carrés.
Population. 300,000 habitants.

339. Position. Le Sahara ou Grand Désert est situé dans la région centrale de l'Afrique; la partie orientale du Sahara est désignée sous le nom de désert de Libye.

340. Limites. Au N., les États barbaresques; — à l'E., l'Égypte et la Nubie; — au S., la Nigritie et la Sénégambie; — à l'O., l'océan Atlantique.

341. Productions. Quelques oasis, c'est-à-dire des espaces où se montre la végétation au milieu des sables du désert, produisent des palmiers-dattiers et des arbres à gomme.

342. Centres de population. Il n'existe pas de villes proprement dites dans le Sahara; les principaux centres de population sont *El-Goléa, Agably* et *Aghadès.*

productions; — 338. ses villes principales. — 339. Dites la position du Sahara; sa superficie; sa population; — 340. ses limites; — 341. ses productions. — 342. Quelles sont les principaux centres de population? — 343. Où est située

Nigritie.

Superficie. 10,000,000 de kilomètres carrés.
Population. 25,000,000 d'habitants[1].

343. Position. La Nigritie ou Soudan est une vaste contrée de l'Afrique centrale.

344. Limites. Au N., le Sahara ; — à l'E., la Nubie et l'Abyssinie ; — au S., le Zanguebar et la Cafrerie ; — à l'O., la Guinée septentrionale et la Sénégambie.

345. Divisions. La Nigritie se compose d'un grand nombre d'États, dont les plus importants sont ceux de *Tombouctou*, de *Darfour*, de *Bornou*, de *Bambara* et d'*Haoussa*. — Dans la partie sud-est se trouve la région des lacs, dont les plus remarquables sont : les lacs *Victoria*, *Albert* et *Tanganyika*.

346. Productions. La Nigritie produit le riz, les céréales, des fruits, des gommes. Le commerce en exporte de la poudre d'or, de l'ivoire, des plumes d'autruche.

347. Villes principales. *Tombouctou*, capitale d'un royaume, commerce très-actif avec les con-

la Nigritie? Quelle est sa superficie; sa population? — 344. Dites ses limites ; — 345. ses divisions. — 346. Quelles

1. La superficie et la population de cette contrée ne sont qu'approximatives : elles sont trop peu connues pour qu'on puisse les déterminer exactement.

trées du nord de l'Afrique : **20,000** habit. —
Kouka, capitale du Bornou, près du lac Tchad.
—*Tendelty*, capitale du Darfour. —*Ségo*, capi-
tale du Bambara. — *Kano*, capitale de l'Haoussa.

CHAPITRE XXIV.

Sénégambie.

Superficie. 1,000,000 de kilomètres carrés.
Population. 3,000,000 d'habitants.

348. Position. La Sénégambie [1], dont le nom
est formé de celui des deux fleuves principaux
qui l'arrosent, le Sénégal et la Gambie, est située
dans la partie occidentale de l'Afrique.

349. Limites. Au N., le Sahara ; — à l'E., la Nigritie ; — au S., la Guinée septentrionale ; — à
l'O., l'océan Atlantique.

350. Divisions. La Sénégambie est occupée en
grande partie par les possessions des nations
européennes et comprend plusieurs peuplades in-

sont ses productions principales ? — 347. Quelles sont les
principales villes ?
QUESTIONS. — 348. Où est située la Sénégambie ? Quelle
est sa superficie ; sa population ? — 349. Dites ses limites.
— 350. ses divisions. — 351. Quelles sont ses productions ?

1. En France, on désigne aussi cette contrée sous le nom
de *Sénégal*, parce que les établissements les plus importants
des Français sont situés sur les bords de ce fleuve.

dépendantes, dont les principales sont celles des *Yolofs* et des *Foulas*.

351. Productions. Cette contrée produit des fruits excellents, des gommes, de la poudre d'or, des bois d'ébénisterie.

352. Villes principales. *Cayor*, *Fouta*, *Bambouk*, capitales d'États.

353. Établissements européens. Les Français possèdent sur la côte, à l'embouchure du Sénégal et entre ce fleuve et la Gambie : *Saint-Louis*, dans l'île de ce nom, chef-lieu des établissements français; *Gorée*, dans l'île du même nom; *Dakar*, port de relâche; — les Anglais : *Bathurst*, à l'embouchure de la Gambie, dans une île, chef-lieu de leurs possessions; la colonie de *Sierra-Leone*, dont *Freetown* est la ville principale; — les Portugais : *Cacheo*, chef-lieu de leurs possessions.

Guinée septentrionale.

Superficie. 600,000 kilomètres carrés.
Population. 5,000,000 d'habitants.

354. Position. La Guinée septentrionale, désigée aussi sous le nom d'*Ouankara*, est située dans la partie occidentale de l'Afrique.

— 352. Dites les villes principales. — 353. Nommez les possessions françaises, les possessions anglaises, les possessions portugaises. — 354. Où est située la Guinée septentrionale? Quelle est sa superficie; sa population? —

355. Limites. Au N., la Sénégambie et la Nigritie ; — à l'E., la Nigritie et la Guinée méridionale ; — au S., le golfe de Guinée ; — à l'O., l'océan Atlantique.

356. Divisions. La Guinée septentrionale renferme plusieurs États, dont les principaux sont l'empire des *Ashantees*, le plus puissant, les royaumes de *Dahomey* et de *Bénin*. La côte a reçu divers noms ayant rapport aux produits qu'elle donne : côte des *Graines* ou du *Poivre*, côte d'*Ivoire* ou des *Dents*, côte d'*Or*.

357. Productions. La Guinée septentrionale donne des épices, des cannes à sucre, de l'indigo, de la poudre d'or, de l'ivoire, des bois d'ébénisterie.

358. Villes principales. *Coumassie*, capitale de l'empire des Ashantees.—*Abomey*, capitale du Dahomey.—*Bénin*, capitale de l'État du même nom.

359. Établissements européens. Les Anglais possèdent les établissements de *Cape Coast Castle* et de *Saint-Georges d'Elmina* ; — les Français, ceux de *Grand-Bassam, d'Assinie* et de *Gabon*.

Les Américains ont fondé sur la côte, pour les noirs affranchis, la république de *Libéria*, dont le chef-lieu est *Monrovia*.

355. Dites ses limites ; — 356. ses divisions ; — 357. ses productions ; — 358. ses villes principales. — 359. Quels sont les établissements européens ? — 360. Où est située

Guinée méridionale.

Superficie. 800,000 kilomètres carrés.
Population. 2,000,000 d'habitants.

360. Position. La Guinée méridionale, appelée aussi *Congo*, est située dans la partie occidentale de l'Afrique.

361. Limites. Au N., la Guinée septentrionale et la Nigritie ; — à l'E., la Cafrerie ; — au S., la Hottentotie ; — à l'O., l'océan Atlantique.

362. Divisions. Cette contrée renferme, outre les possessions portugaises, quelques États indépendants, entre autres les royaumes de *Congo* et de *Loango*.

363. Productions. La Guinée méridionale produit principalement des épices et des bois précieux ; on tire aussi de ce pays de la poudre d'or et de l'ivoire.

364. Villes principales. *San-Salvador*, capitale du royaume de Congo. — *Loango*, sur l'océan Atlantique, capitale de l'État du même nom.

365. Établissements européens. Les Portugais possèdent les provinces d'*Angola* et de *Benguela*, dont les chefs-lieux sont *Saint-Paul de Loanda* et *Saint-Philippe de Benguela*, ports maritimes.

la Guinée méridionale? Quelle est sa superficie ; sa population? — 361. Dites ses limites ; — 362. ses divisions ; — 363. ses productions ; — 364. ses villes principales. — 365. Quels sont les chefs-lieux des possessions portugaises?

Hottentotie.

Superficie. 600,000 kilomètres carrés.
Population. 600,000 habitants.

366. Notions générales. La Hottentotie ou pays des Hottentots est une contrée de l'Afrique méridionale. Les habitants forment des tribus nomades, plus ou moins soumises aux Anglais; ils s'occupent surtout de l'élève des bestiaux.

Colonie du Cap.

Superficie. 550,000 kilomètres carrés.
Population. 800,000 habitants.

367. Notions générales. La colonie du Cap, qui tire son nom du *cap de Bonne-Espérance,* occupe l'extrémité de l'Afrique méridionale. Cette colonie, fondée par les Hollandais, qui en furent les premiers maîtres, appartient maintenant aux Anglais. Le pays produit le café, la canne à sucre, d'excellents fruits et de bons vins; on y rencontre de beaux diamants. — Les villes principales sont : **Le Cap** ou *Cape-Town,* sur la baie de la Table, capitale de la colonie : 30,000 habit.; *Port-Élisabeth,* sur l'océan Indien; *Constance,* vin renommé.

—366. Où est située la Hottentotie? Quelle est sa superficie; sa population? Comment sont divisés les Hottentots? — 367. Où est située la colonie du Cap? Dites sa superficie, sa population, ses productions, ses villes principales, ses dé-

Du gouvernement du Cap dépendent, sur la côte orientale, la *Terre de Natal*, dont *D'Urban* est la ville principale, et la *Cafrerie anglaise*, qui a *East-London* pour ville principale.

Cafrerie.

Superficie. 2,500,000 kilomètres carrés.
Population. 100,000 habitants.

368. Notions générales. La Cafrerie est une vaste contrée comprise entre la Nigritie, au N., et la colonie du Cap, au S. Les Cafres de cette région vivent par troupes nombreuses et se livrent surtout à la chasse des animaux sauvages, dont le pays abonde.

Deux républiques, celle du *Fleuve-Orange* et celle de *Trans-Vaal*, ont été fondées au sud de la Cafrerie par les anciens colons hollandais du Cap.

Mozambique.

Superficie. 900,000 kilomètres carrés.
Population. 300,000 habitants.

369. Notions générales. Le Mozambique, situé dans la partie orientale de l'Afrique, forme une capitainerie générale, qui appartient aux Portugais. On exporte de ce pays de la poudre

pendances. — 368. Où est située la Cafrerie? Dites sa superficie, sa population.— 369. Où est situé le Mozambique? A qui appartient-il? Dites sa superficie, sa population, les villes

d'or, de l'ivoire et de l'écaille. — Les principales villes sont : **Mozambique**, dans l'île de ce nom, près de la côte, résidence du gouverneur général portugais ; *Sofala,* sur le canal de Mozambique.

Zanguebar.

Superficie. 600,000 kilomètres carrés.
Population. 1,000,000 d'habitants.

370. Notions générales. Le Zanguebar est situé dans la région orientale de l'Afrique, le long de l'océan Indien. Ce pays produit en abondance du riz et des bananes et exporte un ivoire renommé ; il est sous la dépendance du sultan de Zanzibar. — Les villes principales sont : *Zanzibar,* dans l'île de ce nom, et *Quiloa,* port maritime dans l'île du même nom.

Somâl.

Superficie. 400,000 kilomètres carrés.
Population. 600,000 habitants.

371. Notions générales. Le Somâl, situé dans la région orientale de l'Afrique, comprend le royaume d'*Harrar* et les pays désignés sous les noms de côte d'*Adel* et de côte d'*Ajan*. Cette région produit surtout des parfums et des gommes.

principales. — 370. Où est situé le Zanguebar? Dites sa superficie, sa population. De qui dépend-il? Dites les villes principales.—371. Où est situé le Somâl? Dites sa superficie, sa

— Les villes principales sont : *Adar*, capitale du royaume d'Harrar ; *Zéilah*, sur la côte d'Adel ; *Brava*, port commerçant sur l'océan Indien.

Iles africaines.

372. Notions générales. Parmi les nombreuses îles qui se rattachent à l'Afrique, sans dépendre des États du continent, on remarque :

1° Dans l'océan Atlantique : les îles *Açores* (au Portugal) ; les principales sont *Terceira* et *Saint-Michel*. — Les îles *Madère* (au Portugal), au sud-est des Açores, fertiles en vins ; les principales sont : *Madère* et *Porto-Santo*. — Les îles *Canaries* (à l'Espagne), au sud des îles Madère, très-fertiles ; les principales sont *Ténériffe* et *Palma*. — Les îles du *Cap-Vert* (au Portugal), volcaniques et malsaines, à l'ouest du cap du même nom ; les principales sont *Santiago* et *Saint-Nicolas*. — L'île de l'*Ascension* (à l'Angleterre), volcanique et presque inhabitable. — L'île *Sainte-Hélène* (à l'Angleterre), bordée de rochers escarpés, célèbre par la captivité et la mort de Napoléon Ier.

population, ses villes principales. — 372. Quelles sont les principales îles de l'océan Atlantique ? A quelle nation appartiennent les îles Açores ? Quelles sont les principales ? A qui appartiennent les îles Madère ? Quelles sont les principales ? A qui appartiennent les îles Canaries ? Quelles sont les principales ? A qui appartiennent les îles du Cap-Vert ? Citez les principales. A qui appartiennent les îles de l'Ascension et Sainte-Hélène ? — Quelles sont les princi-

2° Dans l'océan Indien : *Madagascar,* appelée aussi *Malgache,* la plus grande île de l'Afrique, avec une population de 3,000,000 d'habitants. Le sol de cette île est d'une fertilité remarquable et produit du café, du riz, toutes sortes d'épices, de l'indigo, du tabac. Les villes principales sont *Tananarive* et *Tamatave.* — Les îles *Mascareignes,* à l'est de Madagascar; les principales sont : l'île de la *Réunion* ou *Bourbon* (à la France), productive en café, canne à sucre, coton et indigo; capitale, *Saint-Denis;* l'île de *France* ou *Maurice* (à l'Angleterre), fertile en canne à sucre et café; capitale, *Port-Louis.* — Les îles *Comores,* au nord-ouest de Madagascar, dont la principale est *Mayotte* (à la France). — Les îles *Seychelles,* au nord-est de Madagascar (aux Anglais). — *Socotora,* grande île située à la pointe orientale de l'Afrique et habitée par des Arabes.

pales îles de l'océan Indien? Où est située l'île de Madagascar ? Quelles sont les productions de cette île? Nommez les villes principales. Où sont situées les îles Mascareignes? Quelles sont les principales? Dites la capitale de l'île de la Réunion; celle de l'île Maurice. Nommez les autres îles de l'océan Indien. A qui appartient l'île Mayotte? Où est située l'île Socotora? Quels en sont les habitants?

CHAPITRE XXV.

AMÉRIQUE.

Superficie. 40,000,000 de kilomètres carrés.
Population. 85,000,000 d'habitants.

373. Position. L'Amérique, l'une des cinq parties du monde, forme le nouveau continent. Elle est située entre l'Asie et l'Océanie, à l'ouest, et l'Europe et l'Afrique, à l'est.

374. Limites. Au N., l'océan Glacial Arctique; — à l'E., l'océan Atlantique; — au S., l'océan Glacial Antarctique; — à l'O., l'océan Pacifique ou Grand Océan.

375. Grandes Divisions. Le continent américain se compose de deux grandes presqu'îles, l'une au nord, appelée *Amérique septentrionale* ou *Amérique du Nord*, l'autre au sud, nommée *Amérique méridionale* ou *Amérique du Sud :* elles sont réunies par l'isthme de Panama et s'étendent entre l'océan Atlantique et l'océan Pacifique.

376. Description générale. De grandes chaînes de montagnes, dont les sommets élevés conservent des neiges éternelles; des forêts aussi remar-

QUESTIONS. — 373. Quelle est la position de l'Amérique? sa superficie? sa population? — 374. Dites ses limites. — 375. De quoi se compose le continent américain? — 376.

quables par leur étendue que par les dimensions gigantesques de leurs arbres ; des plaines immenses, tantôt nues et stériles, tantôt couvertes d'herbes hautes et épaisses ; des fleuves qui, par le volume de leurs eaux et la largeur de leur embouchure, ressemblent à des mers : tels sont les caractères généraux du sol de l'Amérique. L'Amérique, comme l'Asie, embrassant toutes les zones dans son immense étendue, offre une grande variété dans ses climats et dans ses productions. Parmi ses principales productions, il faut mentionner le café, la canne à sucre, le riz, le cacao, des fruits excellents, le coton, l'indigo, le tabac, les plantes médicinales, les bois d'ébène, d'acajou et de campêche. De toutes les parties du monde, l'Amérique est la plus riche en métaux précieux. Outre des mines d'or et d'argent fort abondantes, surtout au Pérou, au Brésil, au Mexique et en Californie, elle donne encore des diamants, des pierres précieuses, le cuivre, le plomb, le fer, le mercure, etc. L'industrie et le commerce ont pris de grands développements dans certaines contrées, mais surtout aux États-Unis.

377. Mers. L'océan Glacial Arctique forme la mer de *Baffin*, au nord. — L'océan Atlantique forme la mer d'*Hudson*, au nord-est ; la mer des

Quels caractères généraux offre le sol de l'Amérique ? Quelles en sont les productions principales ? Dans quelle contrée le commerce a-t-il surtout une grande importance ? — 377. Quelles sont les mers qui baignent l'Amérique ? —

Antilles, à l'est, entre les deux Amériques. — L'océan Pacifique ou Grand Océan forme la mer de *Behring*, au nord-ouest, et la mer *Vermeille* ou golfe de *Californie*, à l'ouest.

378. Golfes. Les golfes les plus remarquables de l'Amérique sont : le golfe *Saint-Laurent*, le golfe du *Mexique*, la baie de *Tous-les-Saints*, le golfe *Saint-Georges*, formés par l'océan Atlantique ; — les golfes de *Panama* et de *Guayaquil*, formés par l'océan Pacifique ; — les golfes de *Maracaïbo* et de *Darien*, formés par la mer des Antilles.

379. Détroits. Les principaux détroits de l'Amérique sont le détroit d'*Hudson*, entre l'océan Atlantique et la mer d'Hudson ; — le détroit de *Behring*, entre l'Amérique et l'Asie ; — le détroit de *Davis*, entre l'océan Atlantique et la mer de Baffin ; — le détroit de *Magellan*, entre la terre de Feu et le continent ; — le détroit de *Lemaire*, entre la terre de Feu et l'île des États.

380. Iles. Dans l'océan Atlantique, le groupe de *Terre-Neuve*, les *Bermudes*, les îles *Lucayes* ou *Bahama*, les *Antilles*, les îles *Falkland* ou *Malouines*, la *Terre de Feu* et l'île des *États* ; — dans l'océan Pacifique, les îles *Aléoutiennes*, l'archipel du *Roi-Georges*, l'île de *Quadra-et-Vancouver*, les îles *Galapagos*, les îles *Chinchas*, l'archipel de *la Mère-de-Dieu*.

378. Dites les golfes ; — 379. les détroits. — 380. Nommez

381. Presqu'îles, isthme. — Les presqu'îles les plus considérables de l'Amérique sont : la presqu'île de *Labrador*, dans la Nouvelle-Bretagne; la presqu'île de la *Floride*, dans les États-Unis; celles de *Californie* et du *Yucatan*, dans le Mexique. — L'isthme de *Panama*, qui réunit les deux Amériques, est situé entre la mer des Antilles et l'océan Pacifique.

382. Montagnes. Les chaînes de montagnes les plus considérables de l'Amérique sont : dans l'Amérique septentrionale, les monts *Rocheux*, le long de la côte occidentale; les monts *Alléghany* ou *Apalaches*, le long de la côte orientale; — dans l'Amérique méridionale, les *Andes* ou *Cordillères*, le long de la côte occidentale; les monts du *Brésil*, le long de la côte orientale.

383. Ligne de partage des eaux, versants. La ligne de partage des eaux, tracée par les montagnes, divise l'Amérique en deux grands versants, l'un au N. et à l'E., incliné vers l'océan Glacial Arctique et l'océan Atlantique; l'autre, à l'O., incliné vers l'océan Pacifique.

384. Fleuves, bassins. L'Amérique est arrosée par des fleuves très-importants, qui forment autant de bassins. — Le *Mackensie* se jette dans l'océan

les principales îles ; — 381. les presqu'îles ; l'isthme. — 382. Quelles sont les montagnes de l'Amérique?—383. Quelle est la ligne de partage des eaux ; quels en sont les versants? — 384. Quels sont les principaux fleuves? — 385. les prin-

Glacial Arctique; — l'*Orégon* ou *Colombia*, dans l'océan Pacifique; — le *Saint-Laurent*, l'*Hudson*, l'*Orénoque*, le *fleuve des Amazones* ou *Maragnon*, le *Tocantins* ou *Para*, le *Saint-François*, le *Rio de la Plata*, formé par le *Parana* et l'*Uruguay*, le *Colorado*, se jettent dans l'océan Atlantique; — le *Mississipi* se rend dans le golfe du Mexique; — la *Madeleine* se jette dans la mer des Antilles.

385. Lacs. Les principaux lacs de l'Amérique sont : les lacs de l'*Esclave, Ouinipeg*, du *Grand-Ours*, dans la Nouvelle-Bretagne; — les lacs *Supérieur, Huron, Érié, Ontario*, entre la Nouvelle-Bretagne et les États-Unis; — le *Grand lac Salé* et le lac *Michigan*, dans ce dernier pays; — le lac *Nicaragua*, dans l'Amérique centrale; — le lac de *Maracaïbo*, dans la Colombie.

386. Principaux objets d'échange avec l'Europe. Le commerce que l'Amérique, surtout l'Amérique septentrionale, fait avec les autres parties du monde et spécialement avec l'Europe, est très-considérable. Les principaux objets d'exportation sont l'or, l'argent, les diamants, les pierres précieuses, les cotons, les fourrures, les cuirs, le tabac, le sucre, le café, le blé, le riz, le cacao, la cannelle, le girofle, l'indigo, les bois d'ébène, d'acajou et de campêche, toutes sortes d'objets manufacturés, des machines. Les nations de l'Europe qui ont eu des établissements en Amérique y ont porté leur industrie; mais c'est surtout aux

cipaux lacs? — 386. Quels sont les principaux objets

États-Unis que toutes les branches d'industrie ont pris un développement rapide. Au Mexique, au Pérou, au Brésil, et dans les îles les plus importantes, l'exploitation des mines, la fabrication du tabac, la préparation des cuirs, sont aussi l'objet d'une industrie très-active. Les ports de commerce les plus importants en relations avec l'Europe sont Québec, Halifax, New-York, Baltimore, Charleston, la Nouvelle-Orléans, San-Francisco, la Vera-Cruz, Rio-de-Janeiro, Buénos-Ayres, Valparaiso.

387. Établissements européens. Dans l'Amérique du Nord, l'Angleterre possède la *Nouvelle-Bretagne* et le *Yucatan anglais;* le Danemark a des établissements au *Groenland;* — dans l'Amérique du Sud, la France, l'Angleterre et la Hollande ont des établissements importants à la *Guyane.* — Parmi les îles, la *Jamaïque,* la *Barbade,* la *Trinité,* les îles *Falkland,* appartiennent à l'Angleterre; *Cuba, Porto-Rico,* aux Espagnols; *Saint-Pierre* et *Miquelon,* la *Guadeloupe,* la *Martinique,* à la France; *Saint-Eustache* et *Curaçao,* à la Hollande; *Saint-Barthélemy,* à la Suède; *Sainte-Croix,* au Danemark.

388. Notions historiques. L'Amérique a été découverte en 1492 par Christophe Colomb, navigateur génois, alors au service de l'Espagne. Il aborda à Guanahani, l'une des îles Lucayes, à

d'échange avec l'Europe? — 387. Quels sont les établissements que les Européens possèdent en Amérique? —

laquelle il donna le nom de San-Salvador (Saint-Sauveur). Dans ce premier voyage et dans trois autres qu'il fit ensuite, Colomb découvrit successivement Cuba, Haïti, la Trinité, la Martinique et d'autres terres encore. Améric Vespuce, cosmographe florentin, qui n'aborda en Amérique qu'en 1497, a donné son nom au nouveau monde; mais il n'en est pas moins vrai que la gloire de la découverte reste acquise pour toujours à Christophe Colomb. Les diverses contrées de l'Amérique, entre autres le Pérou, le Mexique, le Brésil, le Canada, furent découvertes dans les premières années du seizième siècle, et les nations européennes y fondèrent des établissements; mais la plupart de ces colonies se sont successivement séparées de la mère-patrie et ont constitué des États indépendants.

CHAPITRE XXVI.

Amérique septentrionale.

Superficie. 22,000,000 de kilomètres carrés.
Population. 58,000,000 d'habitants.

389. Notions générales. L'Amérique septentrionale ou Amérique du Nord forme une grande presqu'île, qui a pour limites : au N., l'océan

388. Donnez quelques notions historiques sur cette partie du monde?
QUESTIONS. — 389. Donnez quelques notions générales

Glacial Arctique ; au N. O., la mer de Behring ; à l'O. et au S. O., l'océan Pacifique ; au S., l'isthme de Panama ; au S. E., la mer des Antilles et le golfe du Mexique ; à l'E., l'océan Atlantique.

L'Amérique du Nord comprend six parties principales : au N., les *Terres polaires*, avec le *Groenland*, et la *Nouvelle-Bretagne ;* —au centre, les *États-Unis ;* — au S., le *Mexique*, les *États de l'Amérique centrale*, les *Antilles*.

Terres polaires et Groenland.

390. Notions générales. Les Terres polaires ou arctiques, situées au nord de l'Amérique septentrionale, forment un archipel composé de nombreuses îles glacées, inhabitables et à peu près inconnues. Les principales sont : les îles *Parry*, la terre de *Banks*, les terres du *Roi-Guillaume* et du *Prince-de-Galles*, l'île *Cumberland*.

Le Groenland, situé au nord-est, est une vaste contrée, toujours couverte de neige et de glaces. Les côtes seules ont pour habitants les Esquimaux, peuplades qui mènent une vie misérable. — Les Danois possèdent sur la côte méridionale des établissements, qui n'ont d'importance qu'à cause de la pêche de la baleine.

Au nord-est du Groenland est situé le *Spitzberg*, composé de plusieurs îles.

sur l'Amérique septentrionale : quelles en sont la superficie, la population, les limites, la division ? — 390. Qu'est-ce que les Terres polaires ? Où est situé le Groenland ? Quelle est la nation qui y a formé des établissements ? —

Nouvelle-Bretagne.

Superficie. 8,000,000 de kilomètres carrés.
Population. 4,000,000 d'habitants.

391. Position. La Nouvelle-Bretagne, désignée maintenant sous les noms d'*Amérique anglaise du Nord* et de *Confédération du Canada*, occupe tout le nord de l'Amérique septentrionale. Elle appartient aux Anglais.

392. Limites. Au N., l'océan Glacial Arctique; à l'E., la mer de Baffin et l'océan Atlantique; — au S., les États-Unis; — à l'O., l'océan Pacifique et le territoire américain d'Alaska.

393. Divisions. La Nouvelle-Bretagne comprend sept provinces : *Haut-Canada, Bas-Canada, Nouveau-Brunswick, Nouvelle-Écosse, Labrador, Colombie anglaise,* plus le *territoire de la Baie d'Hudson.* A l'extrémité du Labrador se trouve l'île de *Terre-Neuve,* célèbre par l'immense quantité de morues qu'on pêche sur un banc voisin.
Les îles *Bermudes,* situées dans l'océan Atlantique, dépendent de la Nouvelle-Bretagne.

394. Productions. Cette contrée produit du blé et donne des bois de charpente; elle possède des

391.   Où est située la Nouvelle-Bretagne? Quelle est sa superficie? sa population? — 392. Dites ses limites; — 393. ses divisions; — 394. ses productions. — 395. Où est

mines de cuivre et de houille et fait un grand commerce de pelleteries.

395. Villes principales. Ottawa, au sud-est, chef-lieu du Haut-Canada, siége du gouvernement. — *Toronto,* sur le lac Ontario : 56,000 habit. — *Québec,* au S. E., sur le Saint-Laurent, chef-lieu du Bas-Canada : 60,000 habit. — *Montréal,* au S. E., sur une île formée par le Saint-Laurent, commerce important : 110,000 habit. — *Halifax,* au S. E., port sur l'océan Atlantique, chef-lieu de la Nouvelle-Écosse.—*Frederick-Town,* chef-lieu du Nouveau-Brunswick. — *Victoria,* port sur l'océan Pacifique, ville principale de la Colombie anglaise. — *Saint-Jean,* chef-lieu de l'île de Terre-Neuve.

États-Unis.

Superficie. 9,000,000 de kilomètres carrés.
Population. 39,000,000 d'habitants.

396. Position. Les États-Unis, nommés aussi Confédération anglo-américaine ou simplement l'Union, sont situés dans la région centrale de l'Amérique septentrionale.

397. Limites. Au N., la Nouvelle-Bretagne et l'océan Glacial Arctique ;—à l'E., l'océan Atlantique ; — au S., le golfe du Mexique et le Mexique; — à l'O., l'océan Pacifique.

398. Divisions. Les États-Unis comprennent, outre un district fédéral et plusieurs territoires non organisés, trente-sept États, dont les principaux sont : le *New-York*, la *Pensylvanie*, la *Virginie*, le *Maryland*, le *Texas*, la *Floride*, la *Louisiane*, l'*Ohio*, l'*Illinois*, le *Tennessee*, le *Kentucky* et la *Californie*. La Russie américaine, cédée aux États-Unis, forme le territoire d'*Alaska*, dont dépendent les îles *Aléoutiennes* et l'archipel du *Prince-de-Galles*.

399. Productions. Cette contrée produit en abondance des céréales, des cannes à sucre, des fruits, du coton, du tabac, de l'indigo Elle possède aussi des mines de houille, de fer, de plomb, d'étain, et surtout de riches mines d'or situées dans la Californie.

400. Villes principales. Washington, capitale de la confédération : 110,000 habit. — *Boston*, port très-commerçant : 250,000 habitants. — *New-York*, sur une baie à l'embouchure de l'Hudson, l'une des villes les plus commerçantes du monde et la plus importante de l'Amérique : 940,000 habit. — *Philadelphie*, sur la Delaware, commerce considérable : 670,000 habitants.— *Baltimore*, vaste port : 260,000 hab. — *Char-*

— 398. Comment se divisent-ils? — 399. Quelles sont les productions de cette contrée? — 400. Quelle est la capitale des États-Unis? Nommez les villes les plus importantes.

leston, port commerçant. — *Richmond*, sur le James. — *Chicago*, port sur le lac Michigan : 300,000 habit. — *Cincinnati*, sur l'Ohio : 210,000 habit. — *Mobile*, port sur le golfe du Mexique. — *La Nouvelle-Orléans*, port sur le Mississipi, commerce considérable : 190,000 habit.— *San-Francisco*, principale ville de la Californie, port sur l'océan Pacifique : 150,000 habit.

CHAPITRE XXVII.

Mexique.

Superficie. 2,000,000 de kilomètres carrés.
Population. 9,000,000 d'habitants.

401. Position. Le Mexique, qui est une république fédérative, est situé dans le sud-ouest de l'Amérique septentrionale.

402. Limites. Au N., les États-Unis ; — à l'E., le golfe du Mexique et la mer des Antilles ; — au S., le Guatémala et l'océan Pacifique ; — à l'O., l'océan Pacifique.

403. Productions. Le sol, très-fertile, produit la canne à sucre, du cacao, de la vanille, du tabac, du coton, de l'indigo, de la cochenille, des

QUESTIONS. — 401. Quelle est la situation du Mexique? sa superficie? sa population? — 402. Dites ses limites ; —

bois précieux. Le Mexique possède des mines d'argent, d'or, de cuivre et d'étain.

404. Villes principales. Mexico, grande et belle ville, capitale : 200,000 habitants. — *La Puebla,* ville très-commerçante. — *Quérétaro,* une des villes les plus belles et les plus industrieuses du Mexique. — *Saint-Louis de Potosi,* riches mines d'argent. — *Tampico,* excellent port sur le golfe du Mexique. — *La Vera-Cruz,* port très-important sur le golfe du Mexique. — *Guadalaxara,* ville considérable : 80,000 habit. — *Acapulco,* port sur l'océan Pacifique. — *Campêche,* sur le golfe de ce nom, dans la presqu'île du Yucatan.

États de l'Amérique centrale.

Superficie. 450,000 kilomètres carrés.
Population. 2,700,000 habitants.

405. Notions générales. Les États de l'Amérique centrale, composés de cinq républiques, occupent l'extrémité sud de l'Amérique septentrionale. Ces cinq États sont ceux de *Guatémala, Honduras, Nicaragua, San-Salvador,* et *Costa-Rica.* Ils donnent à peu près les mêmes productions que le Mexique. — Les villes les plus importantes sont : **Guatémala,** capitale de l'État de ce nom : 50,000 habit. — *Comayagua,* capitale

403. ses productions. — 404. Quelle est la capitale du Mexique? Nommez les autres principales villes. — 405. Quelle est la position de l'Amérique centrale? sa superficie? sa

de l'État de Honduras. — *Truxillo*, bon port sur la mer des Antilles, dans le même État. — *Managua*, capitale de l'État de Nicaragua. — *San-Salvador*, près de l'océan Pacifique, capitale de l'État de même nom. — *San-José de Costa-Rica*, capitale de l'État de Costa-Rica.

Les Antilles.

Population. 3,200,000 habitants.

406. Position. Les Antilles, aussi nommées Indes occidentales, forment un très-grand archipel, entre l'Amérique septentrionale et l'Amérique méridionale, à l'est du golfe du Mexique et de la mer des Antilles.

407. Divisions. Les Antilles se partagent en deux grandes divisions : les *Grandes Antilles*, au centre, et les *Petites Antilles*, au sud-est. — Au nord des Antilles sont situées les îles *Lucayes* ou *Bahama*.

408. Grandes Antilles. Les Grandes Antilles se composent des îles *Cuba*, *Haïti* ou *Saint-Domingue*, *Jamaïque* et *Porto-Rico*.

Cuba. L'île de Cuba, au nord-ouest, la plus grande des Antilles, appartient à l'Espagne et compte **1,500,000** habitants. Le sol produit des

population? sa division? Quelles en sont les villes principales?— 406. Où sont situées les Antilles? Quelle est leur population? — 407. Comment les divise-t-on? — 408. De quelles îles se composent les Grandes Antilles? A qui appar-

cannes à sucre, du café, du tabac renommé. —
Les villes principales sont : *la Havane,* capitale,
port sur le détroit de la Floride; commerce considérable : 200,000 habit. ; *Santiago de Cuba,*
port sur la côte méridionale.

Haïti ou Saint-Domingue. L'île d'Haïti ou Saint-
Domingue, au sud-est de Cuba, compte environ
1,000,000 d'habit. et se divise en deux républiques : la république d'*Haïti,* à l'O., et la république *Dominicaine,* à l'E. Elle produit surtout
la canne à sucre, le café, le coton, le tabac. —
Les villes principales sont : *le Port-au-Prince,*
capitale de la république d'Haïti : 30,000 habit.;
le Cap-Haïtien, port sur la côte septentrionale;
Saint-Domingue, capitale de la république Dominicaine, port sur la côte méridionale.

Jamaïque. L'île de la Jamaïque, à l'ouest
d'Haïti et au sud de Cuba, appartient à l'Angleterre et compte 500,000 habit. Le sol en est
très-fertile et donne les mêmes productions que
les îles précédentes; on en exporte du rhum très-
estimé. — Les villes principales sont : *Spanish-
Town ,* capitale; *Kingston,* port très-important
par son commerce, sur la côte méridionale :
35,000 habit.

Porto-Rico. L'île de Porto-Rico, à l'est d'Haïti,
appartient à l'Espagne; sa population est de
600,000 habit. Elle est très-fertile et donne les
mêmes productions que les précédentes.—Sa ca-

tient l'île de Cuba? Quelles sont ses villes principales? —
Mêmes questions pour les îles d'Haïti, de la Jamaïque et

pitale est *Saint-Jean-de-Porto-Rico*, port sur la côte septentrionale : 30,000 habit.

409. Petites Antilles. Les Petites Antilles sont situées entre l'océan Atlantique et la mer des Antilles. Les plus importantes appartiennent aux Français et aux Anglais.

Iles françaises. *La Guadeloupe*, située au centre, dont les productions sont la canne à sucre, le coton, l'indigo, et les villes principales : *la Basse-Terre*, port, à l'O., capitale : 9,000 habit. ; *la Pointe-à-Pître*, port de commerce le plus important : 18,000 habit. — *La Martinique*, au sud-est de la Guadeloupe, dont les principaux produits sont le café, la canne à sucre, le coton, et les villes principales : *le Fort-de-France*, port, capitale : 11,000 habit. ; *Saint-Pierre*, port important. — Les petites îles *les Saintes*, *la Désirade*, *Marie-Galante*, et la partie septentrionale de l'île *Saint-Martin*.

Iles anglaises. *La Dominique*, entre la Guadeloupe et la Martinique, et dont la capitale est *Roseau*. — *La Barbade*, la plus orientale des Antilles, et dont la capitale est *Bridge-Town*. — *La Trinité*, *Saint-Christophe*, *la Grenade*, *Antigoa* et *Sainte-Lucie*.

Les Hollandais possèdent les îles *Curaçao* et *Saint-Eustache* et la partie méridionale de l'île *Saint-Martin*. — L'île *Sainte-Croix* appartient au Danemark, et l'île *Saint-Barthélemy* à la Suède.

de Porto-Rico. — 409. Où sont situées les Petites Antilles ? Nommez les principales. — 410. Où sont situées les Lucayes ?

410. Lucayes. Les îles Lucayes ou Bahama, situées au sud-est de la presqu'île de la Floride,
appartiennent à l'Angleterre. Elles sont nombreuses, mais petites, et produisent du coton et
des bois de teinture. — Les principales sont :
Guanahani ou *San-Salvador*, première terre découverte par Christophe Colomb; *Bahama*.

CHAPITRE XXVIII.

Amérique méridionale.

Superficie. 19,500,000 kilomètres carrés.
Population. 28,000,000 d'habitants.

411.Notions générales. L'Amérique méridionale
ou Amérique du Sud forme une grande presqu'île qui a pour limites : au N., la mer des
Antilles et l'isthme de Panama; à l'E., l'océan
Atlantique; au S., l'océan Glacial austral; à l'O.,
l'océan Pacifique.

L'Amérique méridionale comprend douze parties principales : au N. et au N. E., le *Vénézuéla*,
la *Guyane;* — à l'E., le *Brésil;* — à l'O., la *Colombie*, l'*Equateur*, le *Pérou*, la *Bolivie*, le *Chili;*
— au S. E. et au S. le *Paraguay*, l'*Uruguay*, la
Plata, la *Patagonie*.

QUESTIONS. — 411. Quelles sont la superficie, la population et les limites de l'Amérique méridionale ? Quelle en

Vénézuéla.

Superficie. 1,200,000 kilomètres carrés.
Population. 1,500,000 habitants.

412. Notions générales. La république de Vénézuéla, située au nord, a pour limites : au N., la mer des Antilles ; à l'E., l'océan Atlantique et la Guyane ; au S., le Brésil ; à l'O., la Colombie. Ce pays produit du cacao, du café, du sucre, du coton, du caoutchouc. — Les villes principales sont : **Caracas**, près de la mer des Antilles, capitale, avec un port commerçant nommé *la Guayra :* 50,000 habit.; *Maracaïbo*, port sur le golfe du même nom ; *Puerto-Cabello*, port sur la mer des Antilles.

Guyane.

Superficie. 300,000 kilomètres carrés.
Population. 240,000 habitants.

413. Position. La Guyane est située au nord-est de l'Amérique méridionale.

414. Limites. Au N. et à l'E., l'océan Atlantique ; — au S., le Brésil ; — à l'O., le Vénézuéla.

415. Productions. Les productions principales de la Guyane sont le coton, la canne à sucre, le café, les épices, les bois.

est la division ? — 412. Dites la situation, les limites, la superficie, la population, les productions et les villes principales du Vénézuéla.— 413. Où est située la Guyane ? Quelle est sa superficie ? sa population ? — 414. Dites ses limites ;

416. Divisions. La Guyane se divise en trois parties : la *Guyane anglaise*, au N. O. ; — la *Guyane hollandaise*, au centre ; — la *Guyane française*, au S. E.

Guyane anglaise. La Guyane anglaise, au nord-ouest, a 160,000 habit. *George-Town*, port important, en est la capitale : 25,000 habit.

Guyane hollandaise. La Guyane hollandaise, au centre, a 60,000 habit. *Paramaribo*, port sur le Surinam, en est la capitale : 20,000 habit.

Guyane française. La Guyane française, à l'est, a 20,000 habit. *Cayenne*, située dans une petite île, en est la capitale : 5,000 habit.

Brésil.

Superficie. 8,500,000 kilomètres carrés.
Population. 12,000,000 d'habitants.

417. Position. L'empire du Brésil, vaste contrée de l'Amérique méridionale, est situé à l'est et occupe une grande partie du centre.

418. Limites. Au N., le Vénézuéla et la Guyane; — à l'E., l'océan Atlantique; — au S., le même océan et l'Uruguay; — à l'O., la Colombie, l'Équateur, le Pérou, la Bolivie, le Paraguay et la Plata.

— 415. ses productions; — 416. sa division; — la capitale de la Guyane anglaise, de la Guyane hollandaise, de la Guyane française. — 417. Quelle est la position du Brésil? sa superficie? sa population? — 418. Dites-en les limites;

419. Divisions. L'empire du Brésil est divisé en vingt provinces, dont plusieurs ont une grande étendue.

420. Productions. Le Brésil produit la canne à sucre, le café, le cacao, la vanille, le tapioca, des fruits excellents, l'indigo, le coton, le tabac, des plantes aromatiques et médicinales, diverses sortes de bois très-recherchés, entre autres l'acajou, et donne des diamants, des pierres précieuses et de l'or. On y élève beaucoup de bestiaux, principalement des bœufs.

421. Villes principales. Rio-de-Janeiro, capitale, grande et belle ville, au fond d'une baie qui forme un vaste port sur l'océan Atlantique, capitale : 420,000 habit. — *Para* ou *Belem*, près de l'embouchure du Para. — *Bahia* ou *San-Salvador*, port important par son commerce.—*Pernambuco* ou *Récife*, port sur l'océan Atlantique.—*Diamantina* ou *Téjuco*, résidence de l'intendant général des mines. — *Saint-Paul*, ville commerçante.

Colombie.

Superficie. 1,400,000 kilomètres carrés.
Population. 3,000,000 d'habitants.

422. Position. La Colombie, nommée aussi république de la Nouvelle-Grenade, est située à l'ouest de l'Amérique méridionale; elle forme une république fédérative, composée de neuf États.

423. Limites. Au N., la mer des Antilles; — à l'E., le Vénézuéla et le Brésil ; — au S., l'Équateur; — à l'O., l'océan Pacifique et le Costa-Rica.

424. Productions. Les productions principales de la Colombie sont le café, le cacao, la canne à sucre, le tabac, le coton, les bois de teinture, l'or, l'argent et des pierres précieuses.

425. Villes principales. Bogota ou **Santa-Fé-de-Bogota**, capitale : 50,000 habit.; *Carthagène*, port important sur la mer des Antilles; *Panama*, au fond de la baie du même nom, sur l'océan Pacifique; *Aspinwall* ou *Colon*, port sur la mer des Antilles, relié à celui de Panama par un chemin de fer.

Équateur.

Superficie. 560,000 kilomètres carrés.
Population. 1,100,000 habitants.

426. Notions générales. La république de l'Équateur, située à l'ouest, est bornée au N. par la Colombie; à l'E., par le Brésil; au S., par le Pérou; à l'O., par l'océan Pacifique — Les villes

superficie? sa population? — 423. Dites ses limites. — 424. Quelles sont ses productions? — 425. Quelle en est la capitale? dites les villes principales. — 426. Donnez quelques notions générales sur la république de l'Équateur.

principales sont : **Quito**, capitale, au pied d'un volcan : 80,000 habit.; *Guayaquil;* port sur l'océan Pacifique.

CHAPITRE XXIX.

Pérou.

Superficie. 1,300,000 kilomètres carrés.
Population. 3,000,000 d'habitants.

427. Position. La république du Pérou est située à l'ouest de l'Amérique méridionale.

428. Limites. Au N., l'Équateur; — à l'E., le Brésil et la Bolivie; — au S., la Bolivie; — à l'O., l'océan Pacifique.

429. Productions. Le sol du Pérou produit des cannes à sucre, du cacao, du quinquina, du coton, des bois de teinture. Il possède des mines d'or, d'argent et de pierres précieuses.

430. Villes principales. Lima, capitale : 125,000 habit.; *Le Callao* est le port de cette ville. — *Truxillo*, port sur l'océan Pacifique. — *Cuzco*, ancienne capitale de l'empire des Incas. — *Aréquipa*, près du volcan de ce nom.

QUESTIONS. — 427. Où est situé le Pérou? Quelle est sa superficie? sa population? — 428. Dites ses limites; — 429. ses productions; — 430. ses villes principales. —

Bolivie.

Superficie. 1,300,000 kilomètres carrés.
Population. 2,000,000 d'habitants.

431. Position. La république de Bolivie, nommée autrefois Haut-Pérou, est située à l'ouest de l'Amérique méridionale.

432. Limites. Au N., le Brésil; — à l'E., le Brésil et le Paraguay; — au S., la Plata et le Chili; — à l'O., le Grand Océan et le Pérou.

433. Productions. Les productions principales de la Bolivie sont la canne à sucre, le cacao, le quinquina et les bois de teinture. Les montagnes renferment des mines d'or et d'argent qui étaient autrefois très-importantes.

434. Villes principales. Sucre, autrefois **Chuquisaca** ou la **Plata**, capitale : 25,000 habit. — *La Paz*, mines d'or. — *Potosi*, mines d'argent. — *Cobija*, port sur l'océan Pacifique.

Chili.

Superficie. 350,000 kilomètres carrés.
Population. 2,000,000 d'habitants.

435. Position. La république du Chili est située à l'ouest de l'Amérique méridionale.

431. Où est située la Bolivie? Quelle est sa superficie? sa population? — 432. Dites ses limites; — 433. ses productions; — 434. ses villes principales. — 435. Où est situé

436. Limites. Au N., la Bolivie; — à l'E., la Plata et la Patagonie; — au S. et à l'O., l'océan Pacifique.

437. Productions. Les productions principales du Chili sont la canne à sucre, le coton, le tabac, des plantes médicinales, des bois précieux. Ce pays possède aussi d'importantes mines de cuivre.

438. Villes principales. Santiago, dans une vaste plaine, capitale : 115,000 habit. — *Valparaiso*, port important sur l'océan Pacifique. — *La Conception*, à l'embouchure du Biobio. — *Valdivia*, beau port, sur la rivière du même nom. — *Coquimbo*, port commerçant.

Paraguay.

Superficie. 160,000 kilomètres carrés.
Population. 1,000,000 d'habitants.

439. Notions générales. La république du Paraguay est limitée au N. et à l'E. par le Brésil, au S. et à l'O. par la Plata et au N. O. par la Bolivie. Ce pays donne des cannes à sucre, des vins, des plantes médicinales, des bois précieux. — La ville principale est l'**Assomption**, capitale, sur la rive gauche du Paraguay : 50,000 habit.

le Chili? Quelle est sa superficie? sa population? — 436. Dites ses limites; — 437. ses productions; — 438. ses villes principales.— 439. Dites la superficie, la population, les limites et la capitale du Paraguay. — 440. Dites la su-

Uruguay.

Superficie. 220,000 kilomètres carrés.
Population. 400,000 habitants.

440. Notions générales. La république de l'Uruguay est limitée au N. par le Brésil, à l'E. par le Brésil et l'océan Atlantique, au S. par la Plata et à l'O. par la rivière Uruguay. Elle a les mêmes produits que le Paraguay. — La ville principale est **Montévidéo**, port sur la rive septentrionale du Rio de la Plata, près de son embouchure, capitale : **60,000** habit.

La Plata.

Superficie. 2,200,000 kilomètres carrés.
Population. 2,200,000 habitants.

441. Notions générales. Les Provinces-Unies de la Plata ou Confédération du Rio de la Plata, nommées aussi république Argentine, ont pour limites : au N., la Bolivie; à l'E. le Paraguay, le Brésil, l'Uruguay, au S. l'océan Atlantique et la Patagonie; à l'O., le Chili. Le sol de la Plata est très-fertile, mais la principale richesse du pays consiste dans l'élevage d'une immense quantité de bœufs, de moutons et de chevaux. — Les villes principales sont : **Buénos-Ayres**, port sur la rive méridionale du Rio de la Plata,

perficie, la population, les limites et la capitale de l'Uruguay.—441. Où est située la république de la Plata? Dites

capitale : 180,000 habit.; *Mendoza,* près du lac
de ce nom, entrepôt de commerce; *Cordova,*
belle ville de l'intérieur.

Patagonie.

Superficie. 900,000 kilomètres carrés.
Population. 200,000 habitants.

442. Notions générales. La Patagonie, aussi
appelée terre Magellanique, occupe l'extrémité
sud de l'Amérique méridionale. Elle est limitée
au N. par la Plata, à l'E. par l'océan Atlantique,
au S. par l'océan Glacial Antarctique et à l'O.
par l'océan Pacifique et le Chili.

Parmi les îles qui se rattachent à la Patagonie,
il faut distinguer la *Terre de Feu,* séparée du
continent par le détroit de Magellan; — l'île *des
États,* à l'est de la Terre de Feu, dont elle est
séparée par le détroit de Lemaire; — les îles
Falkland ou *Malouines,* à l'est de la Patagonie,
dans l'océan Atlantique : ces dernières appartiennent à l'Angleterre.

sa superficie, sa population, ses limites, ses villes principales. — 442. Dites la position, les limites et la population
de la Patagonie, et les principales îles qui s'y rattachent.

CHAPITRE XXX.

OCÉANIE.

Superficie. 10,000,000 de kilomètres carrés.
Population. 35,000,000 d'habitants.

443. Position. On comprend sous le nom d'Océanie les terres et les îles situées dans l'océan Pacifique, entre l'Asie, à l'ouest, et l'Amérique, à l'est.

444. Grandes Divisions. L'Océanie ou Monde maritime, qui forme la cinquième partie du monde, se divise en quatre parties, qui sont : la *Malaisie* et la *Mélanésie*, dans la région occidentale ; la *Micronésie* et la *Polynésie*, dans la région orientale.

445. Description générale. Les îles de l'Océanie, surtout celles de la Malaisie, présentent l'aspect le plus varié et sont généralement fertiles. Les îles de la Polynésie jouissent d'une douce température. Le riz, la canne à sucre, le café, diverses sortes d'épices, telles que le girofle, la muscade, le poivre, les bois d'ébénisterie et de teinture, sont les productions les plus

QUESTIONS. — 443. De quoi se compose l'Océanie? Quelle est sa superficie? sa population?—444. Comment se divise-t-elle? — 445. Donnez quelques détails sur le sol et le

répandues dans les diverses parties de l'Océanie, où l'on trouve aussi des mines de diamants, d'or, d'étain et de cuivre.

446. Mers. Les principales subdivisions de l'océan Pacifique sont : la mer de la *Chine*, qui sépare la Malaisie de l'Asie ; — les mers de *Célèbes*, de *Java*, des *Moluques* et de *Corail*. — L'extrémité occidentale de l'Océanie est baignée par l'océan *Indien*.

447. Golfes. Les principaux golfes de l'Océanie sont : le golfe de *Carpentarie* et le golfe de *Spencer*, dans l'Australie ; — la baie de *Bony*, dans l'île Célèbes ; — la baie de la *Providence*, dans la Nouvelle-Guinée ; — les baies d'*Abondance* et de *Tasman*, dans la Nouvelle-Zélande.

448. Détroits. Les principaux détroits de l'Océanie sont : le détroit de la *Sonde*, entre Sumatra et Java ; — le détroit de *Banca*, entre Sumatra et l'île de Banca ; — le détroit de *Macassar*, entre Célèbes et Bornéo ; — le détroit de *Torrès*, entre la Nouvelle-Guinée et l'Australie ; — le détroit de *Bass*, entre la Tasmanie et l'Australie ; — le détroit de *Cook*, entre les deux grandes îles de la Nouvelle-Zélande.

climat des principales terres de l'Océanie. Quelles sont les productions diverses de cette partie du monde? — 446. Quelles sont les mers principales? — 447. Dites les principaux golfes; — 448. les principaux détroits. — 449. Quels

449. Objets d'échange avec l'Europe. L'Australie et la Malaisie font un commerce d'échange assez important avec les autres parties du monde, et surtout avec l'Europe. Les principaux objets d'exportation sont le sucre, le café, le tabac, l'indigo, l'écaille, les gommes, les épices, les laines, les peaux, l'or, l'étain, le cuivre. L'Océanie reçoit, en échange, de l'Europe, de l'Amérique et de l'Asie, des cotonnades et autres tissus, la quincaillerie, la papeterie, les vins, les eaux-de-vie, le thé, divers produits alimentaires.

450. Établissements européens. Les établissements que plusieurs nations européennes ont fondés dans diverses parties de l'Océanie sont très-importants. — Les Hollandais possèdent dans la Malaisie une partie des îles de la *Sonde*, *Java*, *Sumatra*, *Bornéo*, l'île *Célèbes*, les îles *Moluques*. — Les Anglais occupent l'*Australie*, la *Tasmanie*, la *Nouvelle-Zélande*, l'île *Labouan*. — A la France appartiennent les îles *Marquises* et la *Nouvelle-Calédonie*. — L'Espagne possède les *Philippines* et les îles *Mariannes*.

451. Notions historiques. L'Océanie n'est connue des Européens que depuis la première expédition des Portugais dans l'Inde, vers la fin du quinzième siècle et au commencement du seizième. Les terres qui forment cette cinquième partie du monde ont été successivement décou-

sont les objets d'échange avec l'Europe? — 450. Quelles sont les îles qui sont sous la domination européenne? —

vertes ou visitées par plusieurs navigateurs célèbres, Magellan, Tasman, Dampier, Bougain-
ville, Cook, La Pérouse, Vancouver. Vers la fin
du dix-septième siècle, toutes les terres principales de l'Océanie étaient connues, mais imparfaitement, et c'est au dix-huitième siècle que
commença la série des grands voyages d'explo-
ration, entrepris surtout dans le but d'étendre
les progrès de la science géographique. Dans la
première partie du dix-neuvième siècle, l'amiral
Dumont d'Urville a visité la plupart des îles de
cette partie du monde, et c'est à lui qu'est due la
division de l'Océanie telle qu'elle est aujourd'hui
généralement adoptée.

CHAPITRE XXXI.

Malaisie.

Population. 31,800,000 habitants.

452. Position. La Malaisie est située dans la
partie occidentale, au sud de la Chine.

453. Divisions. Les archipels principaux de la
Malaisie sont : les îles de la *Sonde*, l'archipel de
Bornéo, l'archipel de *Célèbes*, les îles *Moluques*,
les îles *Philippines*.

451. Donnez quelques notions historiques sur cette partie
du monde.
QUESTIONS. — 452. Où est située la Malaisie? Quelle est

454. Iles de la Sonde. Les îles de la Sonde sont situées au sud-ouest. Les deux plus grandes îles de ce groupe sont *Sumatra* et *Java.*—L'île de *Sumatra,* qui appartient en partie aux Hollandais, renferme plusieurs États indigènes, entre autres le royaume d'*Atchin* et celui de *Siak.* Les principales villes sont *Padang,* chef-lieu des possessions hollandaises à Sumatra; *Atchin* et *Siak,* capitales des royaumes de même nom. — L'île de *Java* appartient en grande partie aux Hollandais. Les principales villes sont : *Batavia,* grande ville de commerce sur la côte nord-ouest de l'île, chef-lieu des possessions hollandaises de l'Océanie, désignées sous le nom d'*Indes orientales :* 250,000 habit.; *Sourabaya,* port important sur la côte nord-est.

455. Archipel de Bornéo. L'archipel de Bornéo est situé au centre de la Malaisie. L'île principale de ce groupe est *Bornéo,* l'une des plus grandes îles du globe, appartenant en partie aux Hollandais. — Les principales villes sont : *Bornéo,* capitale d'un État indigène de ce nom; *Bandjermassin,* chef-lieu des possessions hollandaises.

456. Archipel de Célèbes. L'archipel de Célèbes est à l'est de Bornéo. L'île principale est *Célèbes,* qui dépend presque tout entière des Hollandais et dont la capitale est *Macassar.*

sa population? — 453. Quelles îles comprend-elle? — 454. Décrivez les îles de la Sonde. — 455. Où est situé l'archipel de Bornéo? — 456 à 458. Mêmes questions pour

457. Iles Moluques. Les îles Moluques, autrefois nommées *îles aux Épices*, sont situées au sud-est. Elles sont en partie dépendantes des Hollandais. La principale est *Amboine*, avec une capitale de même nom, port de commerce important.

458. Iles Philippines. Les îles Philippines sont situées au nord de Célèbes. Les principales sont : *Luçon* et *Mindanao*, en partie soumises aux Espagnols. L'île Luçon a pour ville principale *Manille*, capitale, au fond de la baie du même nom, chef-lieu des établissements espagnols de l'Océanie : 160,000 habitants. L'île Mindanao a pour ville principale *Sélagan* ou *Mindanao*.

Mélanésie.

Population. 2,500,000 habitants.

459. Position. La Mélanésie est située au sud-ouest dans l'Océanie occidentale.

460. Divisions. Les terres et îles principales de la Mélanésie sont : le continent de l'*Australie*, la *Tasmanie* ou *Terre de Diémen*, la *Nouvelle-Guinée*, ou *Papouasie*, l'archipel de la *Nouvelle-Bretagne*, la *Nouvelle-Calédonie*, les îles *Viti*.

461. Australie. L'Australie ou Nouvelle-Hollande, nommée aussi le troisième continent,

l'archipel de Célèbes, les îles Moluques, les îles Philippines. — 459. Où est située la Mélanésie ? Quelle est sa population ? — 460. Quelles terres comprend-elle ? — 461. Où est située

est située au centre de la Mélanésie; elle est baignée au N., à l'O. et au S. par l'océan Indien, et à l'E. par l'océan Pacifique. Sa population est de 1,600,000 habitants. Les villes principales sont : *Sydney*, chef-lieu de la Nouvelle-Galles du Sud, ville très-florissante, sur le port Jackson, capitale des établissements anglais : 90,000 habit. ; *Melbourne*, chef-lieu de la province de Victoria : 200,000 habit. ; *Adélaïde*, chef-lieu de l'Australie méridionale; *Perth*, chef-lieu de l'Australie occidentale.

462. Tasmanie. La Tasmanie, aussi nommée *Terre de Van-Diémen*, est située au sud-est de l'Australie. Elle appartient à l'Angleterre. Les villes principales sont *Hobart-Town*, capitale; *Launceston*, port de commerce.

463. Nouvelle-Guinée. La Nouvelle-Guinée ou Papouasie est au nord de l'Australie. Les Hollandais y ont des établissements, dont *Fort-Dubus*, port maritime, est le chef-lieu.

464. Archipel de la Nouvelle-Bretagne. L'archipel de la Nouvelle-Bretagne est à l'est de la Nouvelle-Guinée. Les principales îles sont : la *Nouvelle-Bretagne*, île très-fertile; la *Nouvelle-Irlande*, le *Nouvel-Hanovre*.

465. Nouvelle-Calédonie. La Nouvelle-Calédonie, grande île située à l'est de l'Australie, appartient à la France. Le chef-lieu de cette colonie

l'Australie? 462 à 466. Mêmes questions pour la Tasmanie, la Nouvelle-Guinée, la Nouvelle-Bretagne, la Nouvelle-

est *Nouméa*, sur la côte méridionale. Les îles des *Pins* et *Loyalty* en font partie.

466. Iles Viti. Les îles Viti, nommées aussi îles *Fidji*, situées à l'est de la Nouvelle-Calédonie, forment un royaume indigène dont *Port-Kinnard* est la capitale.

Micronésie.

Population. 1,000,000 d'habitants.

467. Position. La Micronésie est située dans la partie orientale, au nord de la Mélanésie et à l'est de la Malaisie.

468. Divisions. Les archipels les plus importants de la Micronésie sont : l'archipel de *Magellan*, les îles *Marshall*, l'archipel des *Carolines*, les îles *Mariannes*.

469. Archipel de Magellan. L'archipel de Magellan, peu éloigné des îles du Japon, est au nord-ouest et comprend plusieurs groupes, dont le plus considérable est celui de *Bonin-Sima*.

470. Iles Marshall. Les îles Marshall ou Mulgrave, à l'est des Carolines, se composent de deux groupes principaux et très-fertiles.

471. Archipel des Carolines. L'archipel des Carolines, nommées aussi *Nouvelles-Philippines*, situé

Calédonie, les îles Viti. — 467. Où est située la Micronésie? Quelle est sa population? — 468. Quelles îles comprend-elle?— 469 à 472. Décrivez les principaux archipels

au sud, est le plus grand archipel de la Micronésie; une des plus importantes est *Lamour-
sek*, qui forme un État indigène indépendant.

472. Iles Mariannes. Les îles Mariannes, nommées aussi îles des *Larrons*, sont au nord des Carolines; les principales sont *Guam* et *Tinian*.
Elles appartiennent à l'Espagne.

Polynésie.

Population. 500,000 habitants.

473. Position. La Polynésie comprend un grand
nombre d'îles disséminées dans toute la partie
orientale du Grand Océan.

474. Divisions. Les groupes ou îles les plus
considérables de la Polynésie sont : la *Nouvelle-
Zélande*, les îles *Sandwich*, les îles *Taïti*, l'archipel de *Pomotou*, les îles *Marquises*.

475. Nouvelle-Zélande. La Nouvelle-Zélande,
située au sud-est de l'Australie, et composée de
deux grandes îles séparées par le détroit de Cook,
appartient aux Anglais. Les villes principales
sont : *Wellington*, chef-lieu, port au sud de l'île
du Nord; *Auckland*, dans la même île.

476. Iles Sandwich. L'archipel des îles Sandwich, nommées aussi îles *Hawaii*, situé au nord-

dont se compose cette partie de l'Océanie. — 473. Où est
située la Polynésie? Quelle est sa population?—474. Quelles
îles comprend-elle? — 475 à 479. Nommez les principaux

est de la Polynésie, renferme quatorze îles, dont les plus importantes sont *Maowi*, au centre, et *Hawaii*, au sud. Cet archipel forme un royaume indigène qui a un gouvernement constitutionnel; la capitale est *Honolulu*, sur la côte de l'île *Oahou*.

477. Iles Taïti. Les îles Taïti, connues aussi sous le nom d'archipel de la *Société*, sont situées au centre et forment un royaume sous le protectorat de la France. La plus grande île est *Taïti* ou *O'Taïti*, nommée la reine de l'océan Pacifique, à cause de sa fertilité et de son riant aspect : la capitale est *Papéiti*, sur la côte nord de l'île, résidence du gouverneur général des possessions françaises de l'Océanie.

478. Archipel de Pomotou. L'archipel de Pomotou ou des îles *Basses*, à l'est des îles Taïti, se compose d'un grand nombre de groupes et renferme les archipels connus autrefois sous les noms d'archipels *Dangereux* et de la *mer Mauvaise*.

479. Iles Marquises. Les îles Marquises ou Mendaña, connues aussi sous le nom d'archipel de *Nouka-Hiva*, sont au nord-est des îles Pomotou. Les principales sont : *Nouka-Hiva*, la plus considérable, avec un port, et *O-Ivahoa*. Les îles Marquises appartiennent à la France.

archipels dont se compose la Polynésie. Donnez quelques notions sur la Nouvelle-Zélande , les îles Sandwich,

Terres australes.

480. Notions générales. On désigne sous le nom de *Terres australes* ou *Terres antarctiqués* plusieurs groupes de terres isolées, désertes, situées dans l'océan Glacial antarctique. Parmi ce terres, récemment découvertes, on distingue les *Terres de Sandwich*, *Joinville*, *Louis-Philippe*, *Graham*; la *Terre d'Enderby*; les *Terres Sabrina*, *Clarie*, *Adélie*, *Victoria*. La plupart de ces terres sont volcaniques.

les îles Taïti, l'archipel de Pomotou , les îles Marquises. — 480. Donnez quelques notions générales sur les Terres australes.

GÉOGRAPHIE

DE LA TERRE-SAINTE.

1. Position. La Terre-Sainte, ainsi nommée parce qu'elle a été sanctifiée par la naissance, les miracles et la mort de N. S. Jésus-Christ, fut d'abord appelée *Terre de Chanaan, Terre d'Israël, Terre Promise, Palestine, Judée.* Elle était située dans la partie occidentale de l'Asie, le long de la mer Méditerranée, que les Hébreux désignaient par différents noms et souvent par celui de *grande mer.*

2. Limites, étendue, population. La Terre-Sainte était bornée au N. par la Syrie et une partie de la Phénicie ; à l'O. par la mer Méditerranée ; au S. et à l'E. par le grand désert d'Arabie, sur les confins duquel habitaient les Amalécites, les Iduméens, les Madianites, les Moabites et les Ammonites. Sa superficie ne dépassait pas 35,000 kilomètres carrés, et cependant, au temps de sa prospérité, elle compta jusqu'à 5,000,000 d'habitants.

3. Montagnes. Deux chaînes de montagnes détachées de l'*Anti-Liban*, et situées l'une à l'occident, l'autre à l'orient du Jourdain, traversaient la Palestine du N. au S. La chaîne occidentale portait les noms de montagnes d'*Éphraïm*, de monts *Gelboé* et *Garitzim* ;

QUESTIONS. — 1. Où était située la Terre-Sainte? Par quels autres noms était-elle encore désignée? — 2. Quelles étaient les limites, l'étendue et la population de la Terre-

les sommets les plus remarquables étaient le mont *Thabor*, le mont *Carmel*, la montagne de *Silo* et celle de la *Quarantaine*. A la chaîne orientale appartenaient l'*Hermon*, les montagnes de *Galaad* et les monts *Abarim* : on y distinguait le *Nebo*, d'où Moïse, à l'heure de sa mort, contempla la Terre Promise. Parmi les montagnes isolées, il faut surtout citer le *Golgotha* ou *Calvaire*, où Notre-Seigneur fut crucifié, et le mont des *Oliviers*, d'où il s'éleva au ciel.

4. Vallées, plaines, déserts. Les nombreuses montagnes dont le pays était entrecoupé y formaient beaucoup de vallées et souvent laissaient entre elles des plaines remarquables, surtout par l'intérêt historique qui s'y rattache. Les plus célèbres étaient : la *plaine du Jourdain*, ou la vallée formée par les deux rives du fleuve, entre le lac de Génésareth et la mer Morte ; la *plaine d'Esdrelon* ou *vallée de Jezraël*, entre les montagnes du Thabor, du Carmel et d'Éphraïm ; la *vallée du Cédron* ou *de Josaphat*, entre Jérusalem et la montagne des Oliviers ; la *vallée de Réphaïm* ou *des Géants*, qui s'étendait de Jérusalem à Bethléem. Le nom de désert, dans l'Écriture sainte, ne s'appliquait pas toujours à de grandes plaines sablonneuses ; quelquefois on le donnait à des terrains fertiles, mais vagues en quelque sorte et réservés aux pâturages, tels étaient le *désert de Jéricho* et celui de *Juda*.

5. Fleuves, lacs. Le *Jourdain*, le seul cours d'eau considérable de la Palestine, prend sa source au pied des montagnes de l'*Anti-Liban*, et coulant du nord au

Sainte ? — 3. Nommez les principales montagnes. — 4. Dites quelles étaient les vallées et les plaines les plus remarquables. A quelles terres donnait-on souvent le nom de déserts ? — 5. Quels étaient les cours d'eau les plus consi-

sud, il traverse le lac de *Génésareth*, nommé aussi *mer de Galilée* ou *de Tibériade*, et se jette dans le lac *Asphaltite* ou *mer Morte*. Les autres cours d'eau ne sont que des ruisseaux torrentueux, parmi lesquels il faut remarquer l'*Hiéromax*, le *Jaboc*, le *Cédron* et l'*Arnon*, qui se jettent, les deux premiers dans le Jourdain, les deux autres dans la mer Morte.

6. Partage de la Terre Promise entre les douze tribus. Au moment où les Israélites entrèrent dans la Terre Promise, ce pays était occupé par divers peuples connus sous le nom général de *Chananéens*, ainsi appelés parce qu'ils descendaient tous de Chanaan, petit-fils de Noé. Après la conquête, les terres furent partagées entre douze des treize tribus dont se composait le peuple israélite. La tribu de Lévi, vouée au sacerdoce, n'eut en partage aucune contrée particulière ; mais on lui attribua quarante-huit villes disséminées sur le territoire des douze tribus, et que l'on nomma *lévitiques*. Six de ces villes, appelées *villes de refuge*, avaient le privilége de servir d'asile aux malheureux qui s'étaient rendus involontairement coupables d'un homicide : ces villes étaient *Cédes*, *Sichem*, *Hébron*, *Bosor*, *Ramoth de Galaad* et *Golan*. Le territoire assigné à la tribu de Manassé était partagé en deux parties, ce qui forme au total treize divisions, dont dix à l'ouest et trois à l'est du fleuve.

Les tribus situées à l'occident du Jourdain étaient : 1° *Juda*, tout à fait au S. et à l'O. de la mer Morte ; villes principales : *Hébron*, *Bethléem* ; — 2° *Siméon*, à l'O. de Juda ; ville principale, *Siceleg* ; — 3° *Dan*, à l'O. de Benjamin ; ville principale, *Joppé* ; — 4° *Benjamin*, au N. de Juda ; villes principales, *Jérusalem*, *Jéricho*, *Gabaon*, — 5° *Éphraïm*, au N. de Benjamin

dérables et les principaux lacs de la Palestine ? — 6. Comment fut partagée la Terre Promise ? Quelle était la position

et de Dan; ville principale, *Sichem;* — 6° *Manassé occidental,* entre le Jourdain et la mer, au N. d'É-phraïm; villes principales : *Endor, Thersa;* — 7° *Issachar,* au N. de Manassé; ville principale, *Jezraël;* — 8° *Zabulon,* plus au N., ville principale, *Séphoris;* — 9° *Aser,* au N. O., ville principale, *Gabara;* — 10° *Nephtali,* au N. E.: ville principale, *Cèdes.*

Les tribus à l'orient du Jourdain étaient : 11° *Manassé oriental,* au N.; ville principale, *Golan;* — 12° *Gad,* au S.; villes principales, *Jabès, Ramoth de Galaad;* — 13° *Ruben,* plus au S.; villes principales, *Bosor, Hésébon.*

7. Royaume de David et de Salomon. La nation israélite, malgré les luttes qu'elle eut à soutenir avec les peuples voisins, affermit sa puissance, qui fut considérablement agrandie par le roi David. Ce prince transmit à son fils Salomon, avec la Palestine tout entière, qui avait alors Jérusalem pour capitale, la possession de la plus grande partie de la Syrie et des pays compris entre l'Euphrate, la mer Rouge, l'Égypte et la Méditerranée. Ainsi le royaume de Salomon s'étendait du mont Liban aux frontières de l'Égypte et de la mer aux déserts de l'Arabie. Il possédait sur le golfe Élanitique les villes d'*Élath* et d'*Asiongaber,* stations pour ses flottes qui allaient commercer à Tharsis et à Ophir.

8. Schisme de dix tribus. Royaumes de Juda et d'Israël. Après la mort de Salomon, dix tribus se révoltèrent contre son fils Roboam et formèrent le royaume d'*Israël,* au N.; les deux tribus qui lui restèrent fidèles, celles de Juda et de Benjamin, formè-

de chacune des tribus, avec leurs villes les plus importantes? — 7. Comment le royaume fut-il agrandi par David et Salomon? Quelles en étaient alors les limites? — 8. Comment

rent le royaume de Juda, au S., qui eut *Jérusalem* pour capitale. *Sichem, Thersa* et *Samarie* furent successivement les capitales du royaume d'Israël. Les dissensions amenèrent rapidement la décadence de la nation, et les deux royaumes d'Israël et de Juda avaient depuis longtemps perdu toutes les conquêtes de David et de Salomon, lorsqu'ils furent détruits le premier, en 718, par les Assyriens, le second, en 606, par les Babyloniens.

9. Divisions de la Palestine après le retour de la captivité. Les Juifs, après le retour de la captivité de Babylone, occupèrent l'ancien royaume de Juda, tandis que le territoire dont s'était formé le royaume d'Israël était au pouvoir des peuples étrangers désignés sous le nom de *Samaritains*. La Palestine devint province de plusieurs empires, en passant aux Perses, de ceux-ci à Alexandre le Grand et d'Alexandre aux Égyptiens, puis aux Syriens, et enfin, après bien des troubles intérieurs, aux Romains. Mais alors la division par tribus avait disparu depuis longtemps, et on distingua dans la Palestine quatre contrées principales : la *Judée*, la *Samarie*, la *Galilée*, toutes trois à l'ouest et en deçà du Jourdain, et la *Pérée*, à l'est et au delà du fleuve.

La Judée était limitée au N. par la Samarie, à l'E. par le Jourdain et la mer Morte, au S. par l'Arabie Pétrée, à l'O. par la Méditerranée. Les villes principales étaient : *Jérusalem*, la ville sainte, berceau du christianisme; *Galgala, Jéricho*, appelée la ville des palmiers; *Gabaon*, sur les frontières de la Samarie; *Rama*, où naquit Samuël; *Hébron*, où vécut Abraham;

se formèrent les royaumes d'Israël et de Juda? Par qui et à quelle époque furent-ils détruits? — 9. Que devint la Palestine après le retour de la captivité? En combien de con-

Bethléem, patrie du saint roi David et célèbre par la naissance du Sauveur; *Césarée de Palestine*.

La Samarie était bornée au N. par la Galilée, à l'E. par le Jourdain, au S. et à l'O. par la Judée. Elle avait pour villes principales: *Sichem, Béthel* et *Samarie*.

La Galilée était bornée au N. par l'Anti-Liban, à l'E. par le Jourdain, au S. par la Samarie, à l'O. par la Phénicie. Les villes principales étaient: *Capharnaüm*, célèbre par plusieurs miracles de Jésus-Christ; *Bethsaïde; Naïm*, où Notre-Seigneur ressuscita le fils de la veuve; *Endor; Nazareth*, où Jésus-Christ passa les premiers temps de sa vie; *Cana*, où Notre-Seigneur fit son premier miracle; *Jezraël*.

La Pérée, avec la Trachonite et l'Iturée, comprenait le territoire anciennement occupé par les tribus de Gad et de Ruben et la demi-tribu orientale de Manassé. Les villes les plus importantes étaient: *Golan, Soccoth, Ramoth de Galaad, Lassa* et *Callirrhoé*.

Lorsque l'empereur Claude réduisit en province romaine la plus grande partie de la Terre-Sainte, la ville de *Césarée de Palestine*, située sur le bord de la mer, devint le siége du gouverneur particulier de la province.

trées fut-elle divisée? Dites les limites et les villes principales de la Judée; de la Samarie; de la Galilée; de la Pérée.

TABLE DES MATIÈRES.

INTRODUCTION.	1
Notions de cosmographie.	1
Définitions.	6
EUROPE.	19
France.	23
Iles Britanniques.	67
Pays-Bas.	72
Belgique.	74
Empire d'Allemagne.	76
Prusse.	78
Bavière.	80
Saxe royale.	81
Wurtemberg.	81
Autriche-Hongrie.	84
Suisse.	87
Portugal.	89
Espagne.	91
Italie.	94
Grèce.	99
Turquie d'Europe.	101
Russie d'Europe.	105
Suède et Norwége.	108
Danemark.	111
ASIE.	113
Russie d'Asie.	120
Turquie d'Asie.	121
Arabie.	123
Turkestan.	124
Perse.	125
Afghanistan.	126
Béloutchistan.	127
Hindoustan.	128
Indo-Chine.	132
Chine.	135
Japon.	136
AFRIQUE.	138
Empire de Maroc.	143
Algérie.	144
Régence de Tunis.	144
Régence de Tripoli.	145
Égypte.	146
Nubie.	147
Abyssinie.	148
Sahara.	149
Nigritie.	150
Sénégambie.	151
Guinée septentrionale.	152
Guinée méridionale.	154
Hottentotie.	155
Colonie du Cap.	155
Cafrerie.	156
Mozambique.	156
Zanguebar.	157
Somâl.	157
Iles africaines.	158
AMÉRIQUE.	160
Amérique septentrionale.	166
Terres polaires et Groenland.	167
Nouvelle-Bretagne.	168
États-Unis.	169

Mexique.	171	Paraguay.	183
États de l'Amérique cen-		Uruguay.	184
trale.	172	La Plata.	184
Les Antilles.	173	Patagonie.	185
Amérique méridionale.	176	OCÉANIE.	186
Vénézuéla.	177		
Guyane.	177	Malaisie.	189
Brésil.	178	Mélanésie.	191
Colombie.	179	Micronésie.	193
Équateur.	180	Polynésie.	194
Pérou.	181	Terres australes.	196
Bolivie.	182	Géographie de la Terre-	
Chili.	182	Sainte.	197

FIN.

www.ingramcontent.com/pod-product-compliance
Lightning Source LLC
Chambersburg PA
CBHW071948090426

42740CB00011B/1856